目　录

序 与那些爱欲纠缠的灵魂相遇在唐宋

词初名曲子词，发源于隋唐，起初是配合燕乐演唱的文辞，故又名曲子。到宋代乃极流行，近人焦循、王国维至以“一代之文学”尊之。但在传统文学史的概念中，词在较长时期内，一直被称作“诗馀”，不能有很高的地位。对于这一境遇的形成，必须于中国文化精神有一真确之体认，然后始能有同情之了解。

原来，中国文学的主流，乃是一种政治性上层文学，个人之出处穷通，莫不与家国兴亡相关，那些徒然以文辞绮丽相饰，只表现个人情感的作品，从来就被目为轻薄，不能有很高的文学地位，更不用说那些代人立言的代言体曲艺文体了。而词之得名诗馀，正因词在一开始是不合于此种主流的。据孙光宪《北梦琐言》记载，和凝本是著名的词人，但后来做了后晋的宰相，“专托人收拾焚毁不暇”。从此则故事，可见一般人心目中，始终认为词体卑下，无当于中国文学之根本传统。

曲子词之初兴，原仅盛行于社会下层。故其文辞近于俗语，不及诗语之下字雅驯。诗家语老杜、韩愈特重锤炼，宋黄庭坚至谓其“无一字无来处”。但词的文辞从一开始是较通俗的。今传王重民先生所辑《敦煌曲子词集》，所收录的作品，都是在二十世纪初才在敦煌石室中发现，此前一千多年，始终湮没不彰，然而那本是历史的必然，它们本就属于该被文学史所删汰的作品，因为它们完全不合中国文学尚雅、重人文主义的传统。我们来看两首《敦煌曲子词集》中的作品便可知道：

凤归云

儿家本是，累代簪缨。父兄皆是，佐国良臣。幼年生于闺阁，洞房深。训习礼仪足，三从四德，针指分明。　娉得良人，为国远长征。争名定难，未有归程。徒劳公子肝肠断，谩生心。妾身如松柏，守志强过，鲁女坚贞。

洞仙歌

悲雁随阳。解引秋光。寒蛩响、夜夜堪伤。泪珠串滴，旋流枕上。无计恨征人，争向金风漂荡。捣衣嘹亮。　懒寄回文先往。战袍待縂絮，重更薰香。殷勤凭、驿使追访。愿四塞、来朝明帝，令戍客、休施流浪。

一方面，敦煌词文辞伧俗，殊无诗人一唱三叹之致，故不能突破时空上的限制，成为可以流传久远、四海广被的作品；另一方面，敦煌曲子辞多是代言之体，非就作者自身生活取材，不是“有感而发”，故不能见出作者的生命、作者的歌哭。这些，都是中国文学所鄙薄的。

至五代风气攸变。时有蜀人赵承祚编《花间集》，欧阳炯为作集序，中有“绮筵公子，绣幌佳人，递叶叶之花笺，文抽丽锦；举纤纤之玉指，拍案香檀。不无清绝之辞，用助娇娆之态”之语。可知词发展到五代，文辞固已渐趋雅丽，但就表达场合而言，则既非宗庙朝廷，又非邦国盟会，乃在花间尊前、豪门家宴、秦楼楚馆，是对私人生活的写照，用作寻欢作乐时的助兴，词之体格所以卑下，此亦不可忽视之一因。

亦唯词之功用，最早是供“绮筵公子，绣幌佳人，递叶叶之花笺，文抽丽锦；举纤纤之玉指，拍案香檀”。是用“清绝之辞”“助娇娆之态”，则以囿于欣赏者的水平，词作的感慨不能深刻，多写众情众相，而没有作家个人之生命体验，词之格调，不及于诗，此亦重大消息。

宋初欧阳修以一代名臣，而颇经意词作。欧词如《临江仙》：

> 柳外轻雷池上雨，雨声滴碎荷声。小楼西角断虹明。栏干倚处，待得月华生。　燕子飞来窥画栋，玉钩垂下帘旌。凉波不动簟纹平。水精双枕，傍有堕钗横。

此词据宋钱愐《钱氏私志》云：

> 欧阳文忠任河南推官，亲一妓。时先文僖（钱愐父钱

惟演）罢政为西京留守，梅圣俞、谢希深、尹师鲁同在幕下，惜欧有才无行，共白于公。屡微讽而不之恤。一日宴于后圃，客集而欧与妓俱不至，移时方来，在坐相视以目。公责妓云："末至何也?"妓云："中暑往凉堂睡着，觉而失金钗，犹未见。"公曰："若得欧推官一词，当为赏汝。"欧即席云："柳外轻雷池上雨……"坐皆称善。遂命妓满酌赏欧，而令公库偿其失钗。

是知欧诗文追随韩愈载道之旌，而所为小词，则仅为座上侑酒，与中国文学之大传统无涉。又有《长相思》二首：

蘋满溪。柳绕堤。相送行人溪水西。回时陇月低。　烟霏霏。风凄凄。重倚朱门听马嘶。寒鸥相对飞。

花似伊。柳似伊。花柳青春人别离。低头双泪垂。　长江东，长江西。两岸鸳鸯两处飞。相逢知几时。

两词均是代言之体，"一就送行女子着笔，一就远行男子落想"[①]，皆不曾自个人生活借材，更无涉于治国平天下之志。又有《生查子》一首：

去年元夜时，花市灯如昼。月上柳梢头，人约黄昏

---

①陈新、杜维沫选注.欧阳修选集[M].上海：上海古籍出版社，1986：234.

后。 今年元夜时，月与灯依旧。不见去年人，泪满春衫袖。

或以为南宋女词人朱淑真作，又有人认为欧词中凡涉绮艳者，皆是政敌托名所作，用以诋毁之。适见就词的表达动机而言，因其无关人格道德，故在当时人心目中，为一卑下之文体也。

近时学者钱穆先生指出，中国文学家最喜言有感而发，最重有寄托，而最戒无病呻吟。故后世之词论家，必为欧阳修曲护，认为他下面这首《蝶恋花》是一首有政治寓意的、有寄托的作品：

庭院深深深几许。杨柳堆烟，帘幕无重数。玉勒雕鞍游冶处。楼高不见章台路。 雨横风狂三月暮。门掩黄昏，无计留春住。泪眼问花花不语。乱红飞过秋千去。

清代常州词派的开山张惠言说："庭院深深，闺中既以邃远也。楼高不见，哲王又不寤也。章台游冶，小人之径。雨横风狂，政令暴急也。乱红飞去，斥逐者非一人而已，殆为韩（琦）、范（仲淹）作乎？"可见，只有联系上重寄托、重政治抒情的中国文学大传统，词的地位始尊，才得与诗方驾并驱。

读古人诗，最宜依编年读之，则其人一生之行谊，社会时代之风云，尽收眼底。但古人词作往往不编年，即因古人诗虽则东云露一鳞，西云露一爪，然而每一首诗，都是时代的一个侧面，都可以就一滴水而见大海。但古人作词时，其内心往往与社会人生、家国天下毫无关涉，故编年与否，漠不相干。自中国文学之大传统观之，宜乎词之地位，不及诗也。

词体初起时其格甚卑，已如上述。然早期词家，亦有能别开新面，复归于诗学大传统者。兹举李白词二首：

忆秦娥

箫声咽。秦娥梦断秦楼月。秦楼月。年年柳色，霸陵伤别。　乐游原上清秋节。咸阳古道音尘绝。音尘绝。西风残照，汉家陵阙。

菩萨蛮

平林漠漠烟如织。寒山一带伤心碧。暝色入高楼。有人楼上愁。　玉阶空伫立。宿鸟归飞急。何处是归程。长亭更短亭。

清代文艺批评家刘熙载评价说，这两首词，抵得上杜甫的《秋兴》八首，并认为，“想其情境，殆作于明皇西幸之后”，这一观点，可谓直抉词心。我以为《忆秦娥》词是纪明皇挥泪别宗庙，仓皇西狩，而《菩萨蛮》则是寓盼官军恢复之意。因为符合中国文学重寄托、重有感而发的大传统，二词才成为千古传诵的名篇。

中唐刘禹锡仕途失意，其词遂就自身经历取材，如《忆江南》之志谪宦之情，《潇湘神》之寓屈骚之意，都不是当时那些流行于下层民众中间、但千年后只能凭借敦煌文献苟延残喘的代言体词作所可望其项背。《潇湘神》一首：

湘水流。湘水流。九疑云物至今愁。君问二妃何处所，零陵芳草露中秋。

有学者揣测，“词中是否以舜暗指永贞之政的后台顺宗李诵，以二妃暗指顺宗的左右手王叔文、王伾呢？”[①]我以为，就知人论世的角度来看，这种揣测是立得住脚的。

中晚唐作者，尚有张志和《渔歌子》五首，表其隐逸之志，而词中物我融凝，天人合一，遂不胫而走，流传异邦，乃有日本国嵯峨天皇和词。可见能流传久远的，终究还是雅的、表达士大夫情怀的作品。

上引数家，并不专力为词，故于当时词学大风气并无较大纠转。第一位拓大词境的大人物是南唐后主李煜。钱穆先生说：“诗馀为词，亦专咏作者私人生活，与政治无关。李后主以亡国之君为词，其私人生活中，乃全不忘以往之政治生活。故其词虽不涉政治，其心则纯在政治上，斯所以为其他词人所莫及也。”[②]正可以作为王国维“词至李后主而眼界始大，感慨遂深，遂变伶工之词而为士大夫

①钟振振．词苑猎奇[M]．南宁：广西师范大学出版社，2007：17.
②钱穆．中国文学论丛[M]．北京：三联书店，2005：52.

之词”（《人间词话》）一语最好的解释。

从李后主开始，历代词人逐渐自觉地向中国文学的主流靠拢，词的境界也愈转愈深，词人的精神面貌、生命意识，也逐渐与诗人趋同。然而，词终究不是诗，词之佳处，又不仅以附丽诗学，政治性抒情为高。除了那些重寄托的作品，词中凡脱离了代言体的低级趣味，取材自作者自身生活，能表现作者真切的生命意志者，也都是可传之作。这一传统，从花间词人韦庄开始，经由北宋的晏几道、秦观，而到南宋姜夔、吴文英，一脉相承，不绝如缕。恰亦正因词不必如诗一样，有言志载道的要求，词中体现出的作者的性情，往往比诗更加能够摇荡人心。即如韦庄词《思帝乡》云：

> 春日游。杏花吹满头。陌上谁家年少，足风流。妾拟将身嫁与，一生休。纵被无情弃，不能羞。

显违礼教，语似狂颠，而千载以下，谁会不为词中女主人公的挚情感动呢？

又如北宋柳永词《鹤冲天》：

> 黄金榜上，偶失龙头望。明代暂遗贤，如何向。未遂风云便，争不恣狂荡。何须论得丧。才子词人，自是白衣卿相。　烟花巷陌，依约丹青屏障。幸有意中人，堪寻访。且恁偎红翠，风流事、平生畅。青春

都一饷。忍把浮名，换了浅斟低唱。

纵情狂放，居当时士大夫所不屑居之境、为当日大人君子所不屑为之事，却是从头到脚的一个真人，直令人觉得惊心动魄，回视世俗功名，仿佛白云苍狗，转瞬即逝，又何如做得个词坛的卿相，名垂千古？

至若小山晚年的名作《阮郎归》：

天边金掌露成霜。云随雁字长。绿杯红袖趁重阳。人情似故乡。　兰佩紫，菊簪黄。殷勤理旧狂。欲将沉醉换悲凉。清歌莫断肠。

这是小山对他狷介自任，到处碰壁的一生的总结，认得真，看得切，比由旁人评说，尤觉悲凉哀怨。以小山的智力、学识、身世，何尝便不知婉娈处世，才得幸进，然而他是个天生的狷者，但凡卑贱取容的事，一毫也做不得。这样的性情，这样的词作，怎能不摄人心魄？

读唐宋词，总是读出显违儒家中行标准的不一样的人格。儒家所谓的人性，本有情、志、意、欲四端，四端皆有所节，便被认为是性情完善的人。然而，唐宋名家词，动人的不是他们性情的完善，而是性情中这样那样的缺憾，那些带有病征的性情，才是真正打动我们的地方。内典有云：“因爱故生忧，因爱故生怖。若离于爱者，无忧亦无怖。”唐宋名词人，无一不执念于爱欲，也无一能做到无忧无怖。他们的文字，是苦难人生的自我救赎，但他们从未试图放弃爱欲本身，所以，他们永远不可能超然脱解，离尘去俗。这正是他们的作品具有永恒的、撼动灵魂的力量的原因所在。

我从1993年起自学填词，先依龙榆生先生《唐宋词格律》一书，奉谱填词，不过勉强成篇而已。初喜长调，以其易于敷衍成篇，两三年间，积有数百首，但因笔力稚拙，语词芜弱，后皆焚去。1995年因随侍先师大丰王公林书，得窥诗旨，胸中块垒，忽然吐为古近体诗，居然大是如意，遂弃长短句而不为。偶有所作，也不过是著腔子之诗，不得以词视之。犹记1999年自北大毕业，有词赠同学上海谢华育，调寄《水龙吟》："古今第一伤心，都因浊酒销清志。云来海上，风从仇国，醉予如此。大野鸿哀，庙堂柘舞，不争何世。对新蒲细柳，蛾眉惨绿，还独洒、新亭泪。 惯见成名竖子，遍乾坤、炫其文字。茫茫八极，沉沉酣睡，似生犹死。江汉难方，香荃谁托，两间憔悴。向人前应悔，倾城品貌，被无情弃。"读者明鉴，自可知我学词宗尚所在。2003年谋食鹏城，住小梅沙以东之溪涌，日夕与海雨山岚为伴，仅以纳兰性德《饮水词》、王士禛《衍波词》相随，不觉勾动词思，二月中得令词数十首。至此，才算理解了如何便是幽微隐约的词心，也终于对历代词人多了一层同情之了解。次年，则应我师汨罗周晓川先生命，助他选评历代婉约词。唐五代两宋词，师自为之，元以后以迄民国，则由我补苴。晓川师教我将来可专力治词学，我的志趣，本在治经，故未遽从师命，但此后亦稍稍留心词学。窃尝谓古来词学，皆是词人自道甘苦，今之词学，则是考据家、评论家扣盘扪烛之谈，故此殊不愿作学院派论文，与今之学者一争雄长。嗣以执教深圳大学，开设《唐宋词与人生》课程，以词人的人生出处(chǔ)，反溯其性情，而又因其性情，更去赏会其作品，深感唐宋诸贤，之所以人生牢骚失意，其性情实以肇始之，其词作之芳馨悱恻，亦何莫由其性情造就之。无狂狷之性情，无爱欲纠缠之执念，便无绝艳沉丽之文学，性情为人生之大本，更有何疑？至如拘于时代背景之陈说，以文人为时代之附庸，文学为政治之奴仆，恐皆是不会填词的理论家的外行之论，词人论词，必不为此说也。

本书不是博士式的“为智识而智识”，不是学究们的“为研究而研究”，而是一位词人，在感知唐五代两宋那些执着人世、拒绝脱解的生命之时，所记录下来的一点感悟，也希望读者能从本书之外，感受到唐宋诸贤千古不磨的词心。

词客有灵应识我

说温飞卿

花间词中的第一位作者温庭筠，是晚唐时候的人，他的绮艳秾丽的词风，仿佛一位明艳无匹的贵妇人，凝妆端坐，她不会有对宇宙人生的深刻思索，她不会去关心全人类的命运，然而她的眉宇间，总透露出一种真挚之情，仿佛在诉说着内心的寂寞。

照花前後鏡 花面交相映 新帖繡羅襦 雙雙金鷓鴣
尘·乙未夏夜於京

词客有灵应识我

——说温飞卿

南宋陈振孙《直斋书录解题》是中国古代一部极为重要的文献学著作。其著录《花间集》则曰：

> 花间集十卷，蜀欧阳炯作序称卫尉少卿字宏基者所集，未详何人。其词自温飞卿而下十八人凡五百首，此近世倚声填词之祖也。诗至晚唐五季，气格卑陋，千人一律，而长短句独精巧高丽，后世莫及，此事之不可晓者。放翁陆务观之言云尔。

今天我们知道，《花间集》的撰集者卫尉少卿字宏基，他的名字叫作赵崇祚。放翁陆务观就是南宋大诗人陆游，他评价晚唐五代的词作，“精巧高丽，后世莫及”，与我的感觉一致。

花间词的风格，我用两个字概括：沉艳。读花间词，总能感觉到一股沉着浓挚之气，流行其中，词的外在色貌如花，内里却骨重神寒。

花间词中的第一位作者温庭筠，是晚唐时期的人，他的绮艳秾丽的词风，仿佛一位明艳无匹的贵妇人，凝妆端坐，她不会有对宇宙人生的深刻思索，她不会去关心全人类的命运，然而她的眉宇间，总透露出一种真挚之情，仿佛在诉说着内心的寂寞。

温庭筠，本名岐，字飞卿，他的祖上温彦博，曾经做到尚书右仆射的大官，是唐太宗贞观初年的名宰相之一。飞卿生于太原，《唐才子传》说他“少敏悟，天才雄赡，能走笔成万言。善鼓琴吹笛，云：‘有弦即弹，有孔即吹，何必爨桐与柯亭也。’”爨桐与柯亭，都是关于东汉蔡邕的典故。《后汉书·蔡邕列传》里说:“吴人有烧桐以爨者，邕闻火烈之声，知其良木，因请而裁为琴，果有美音。”柯亭本是绍兴（古称会稽）的一座驿亭，一名千秋亭，又名高迁亭。《后汉书·蔡邕列传》注:“蔡邕告吴人曰：‘吾昔尝经会稽高迁亭，见屋椽竹东间第十六根可以为笛。’取用，果有异声。”后世因即以柯亭为良笛之美称。《唐才子传》记载飞卿的话，是说他天生乐感敏锐，随便什么乐器，上手即能奏出曼妙的乐章。《御定佩文斋书画谱》引《容台集》评价他的书法，说是“似平原书而遒媚有态，米元章从此入门”。飞卿的骈文在当时负有盛名。与李商隐、段成式一样，都追求辞藻上的秾丽华美，当时人把他们的文风称作“三十六体”，因为这三个人，依照行第来说，都排行十六。（唐人行第，是在同一曾祖父所出的兄弟辈之间排长幼，这些兄弟互相称从祖兄、从祖弟。）飞卿的诗，多侧艳之作，与李商隐并称温李。他非常精于属对，像“红妆万户镜中春，碧树一声天下晓”（《鸡鸣埭曲》）、“湘君宝马上神云，碎佩丛铃满烟雨”（《郭处士击瓯歌》），都深得对仗的阴开阳阖，相济相生之妙。这种功夫，正是从他善于写骈文而来。而像下面的这些诗作，正是他诗风的代表：

莲浦谣

鸣桡轧轧溪溶溶。废绿平烟吴苑东。水清莲媚两相向，镜里见愁愁更红。白马金鞭大堤上。西江日夕多风浪。荷心有露似骊珠，不是真圆亦摇荡。

锦城曲

蜀山攒黛留晴雪。簝笋蕨芽萦九折。江风吹巧剪霞绡，花上千枝杜鹃血。杜鹃飞入岩下丛。夜叫思归山月中。巴水漾情情不尽，文君织得春机红。怨魄未归芳草死。江头学种相思子。树成寄与望乡人，白帝荒城五千里。

不过，平心而论，这些诗都有一定的代言体的意味。大概都受到齐梁间乐府诗风的影响，文辞秾丽，而内容浅薄。

从《旧唐书·文苑传》《唐才子传》等书中对飞卿的记载看，其人在当时被公认是猥薄无行之徒。他自幼才华颖发，唐宣宗大中年间，进京应试，才名特盛，一时京师人士争相与之结交。但因为“士行尘杂，不修边幅”，整日价和公卿家无赖子弟裴诚、令狐滈之流混在一起，饮酒赌博，很快就有了坏名声，让当道者觉得这样的人不能“临民”，便因为此，累年不能中第。唐代从仕的正途是应进士试，考诗赋，所考的诗赋，都有一定的程式，很考验应试者对文字的驾驭能力。科试之日，会给每个考生发三根大蜡烛，三根蜡烛烧完，要作完八韵的诗赋。当时有人作对联说：三条烛尽，烧残士子之心；八韵赋成，惊破试官之胆。唐时三条烛烧尽，八韵赋犹未写成的，大有人在。但飞卿偏有一种本领，应试时，他根本不用打草稿，把手笼到袖子里，伏在几上，信口吟诵，便能作完。时号温八吟。又谓他一叉手即成一韵，八叉手即能完篇，又号温八叉。他还是考场大救星，每次考试，与他邻铺的举子都会沾上他的恩泽，不必自己答卷，飞卿会替他们答卷的。在大中末年，飞卿累年不第，但善代人捉刀的名气越来越大，主考官特地让他于帘下单独应试，不料在这种情况下，他还通过口授答案，暗中帮了八个人答卷。

飞卿亦尝出入宰相令狐绹书馆中，据说令狐绹待他甚是优渥。因为唐宣宗喜欢《菩萨蛮》的曲子，令狐绹拿了飞卿所作的《菩萨蛮》，进献给宣宗皇帝，诡言是自己所作，一面告诫飞卿，不能向外透露此事。但飞卿不久即泄于人知。又有一次，唐宣宗作诗，用金步摇一词，无有名物相对仗，飞卿对以玉条脱，令狐绹问飞卿玉条脱出典，温答：“出自《华阳真经》。这书并非僻书，相公您治理国家之暇，也该读一点古书!”《华阳真经》是北齐道教名人陶弘景《真诰》一书的别名，玉条脱出于《真诰》第一篇。飞卿还对外人说：“中书省内坐将军。”唐代中书省，即是政府所在，相当于今天的国务院。中国从秦汉以降，政府便是士人政府，中书省更应由读书人主位，说“中书省内坐将军”，是讥讽令狐绹虽贵为宰相，却不读书，没学问。这样的事多了，飞卿也就开始在令狐绹面前失宠了。他后来作《题李羽故里》一诗，尾句曰“终知此恨销难尽，孤负华阳第一篇”，即指与令狐绹之间的恩怨。(《野客丛书·金条脱事》)

这以后，飞卿到襄阳依山南东道节度使徐商，署为巡官，离他的志向殊远，于是流落到江东一带，在广陵（今扬州）又与一班无赖少年饮酒狎妓，作狭邪之游。这个时候，令狐绹也从相国的位置退下去，做了淮南节度使，行署即在扬州。飞卿心怨令狐绹在相国任上不助他入仕，故不去拜谒。直到有一晚饮得大醉，犯了宵禁之律，被虞候（相当于今之警察）打断牙齿，才跑去找令狐绹斥冤，当时读书人地位很高，侮辱士人是很大的罪名。令狐绹当即令把虞候拘来，不料虞候大讲温平日丑行，令狐绹只能居中做调停了事。

经过被虞候击面折齿一事，飞卿在京师当道的大官们心中，再无地位。他的故人徐商这时做了宰相，倒颇重情谊，帮他说了不少好话。然而徐商不久罢相，杨收继任，他一向看飞卿不顺眼，于是贬他做了方城尉，流落到死。(一说：宣宗微行，在旅舍与温相遇，温不识龙颜，以为是长史一流的小官，以是被贬。）中书舍人裴坦，负责给贬他的公文写理由，提笔想了很久，才写道："孔门以德行居先，文章为末。"终其一生，飞卿的最大官职是国子助教，故后人以温助教称之。

飞卿在正史野乘，都被视为文人无行的典范。然而与之同时的诗人文士，同情其际遇者颇众，飞卿被贬作方城尉，大家争相为他饯行，赋诗相赠。进士纪唐夫赋诗曰："凤凰诏下虽沾命，鹦鹉才高却累身。"才高累身，说出了飞卿郁郁一生的真相。

飞卿才华横绝一时，然任何一位才华横绝者，在本质上都是孩子。这句话的意思是，他们永远是按照快乐原则而不是现实原则去生活、去处世的。飞卿少年的一些狭邪之行，原不过是青春的精力不知如何宣泄所致。这种人生当然不值得提倡，但须知这仅仅是心智不成熟的表现，较之那些很小就懂得曲意逢迎、懂得攫取自己的利益的人，飞卿的内心要纯净得多。他只是单纯地追寻快乐而已。

飞卿因少年误入歧途而自绝仕进之路，于是开始放浪形骸，代人作弊，他以一种独特的方式表示出对那个忌才忌个性的时代的抗议。任何一个社会，最终都是像令狐绹那样的平庸者获得最大利益，飞卿的悲剧，是令狐绹们的喜剧。其实，即使飞卿在令狐相国的书馆中懂得装低伏小，令狐相国也不会助他成就功名。平庸者不会理解才华卓异的天才，他们只会觉得这样的人身上充满不安定的因素，说不定会给自己带来什么麻烦。令狐绹只把飞卿当作文学弄臣，仅此而已。可以说，飞卿一生的悲剧，令狐绹要负极大责任，然而，现实永远是令狐绹们的世界，飞卿只能靠他的文学，震荡着千载以降无数敏感的心灵。

飞卿终身困顿，不得一展怀抱。实则其人颇有经世之志。《过陈琳墓》是他的代表作之一，诗云：

曾于青史见遗文。今日飘蓬过此坟。词客有灵应识我，霸才无主始怜君。石麟埋没藏春草，铜雀荒凉对暮云。莫怪临风倍惆怅，欲将书剑学从军。

陈琳是三国时人，原为袁绍幕僚，曾衔命作《讨豫州文》，历数曹操罪状，且诋及其父祖，文章极富煽动性。袁绍兵败，曹操要杀他，他说那是受命所为，“如箭在弦上，不得不发”。曹操爱其才，用为记室。诗人经过陈琳的坟墓，遥想当年陈琳际遇，自伤身世，遂成此篇。“词客有灵应识我，霸才无主始怜君”一联是全诗主旨所在。“词客”当然是指陈琳，下句“霸才”或谓指曹操，这是不确的。“霸才”即指作者以及其他与作者一样，空负绝世才华，却不得一用的失意之士。“怜君”的“君”，是对陈琳的敬称。整句意思是君生前为辞章作手，如果地下有知，也当引我为知己；我亦如君有槃槃大才，却不得明主赏识，当然要同情君的际遇了。作者才华，本不逊陈琳，然或遇或不遇，无怪飞卿要感慨“欲将书剑学从军”了。乱世之中，通常平庸者获取最大利益的机会要少一些，而天才的机会则相对多了一些。他还有一首《赠蜀府将》，也表达了类似的意思：

十年分散剑关秋。万事皆从锦水流。志气已曾明汉节，功名犹尚带吴钩。雕边认箭寒云重，马上听笳塞草愁。今日逢君倍惆怅，灌婴韩信尽封侯。

灌婴韩信，都是武人，都得封侯，飞卿作为读书人，惊才绝艳，却不得一用，这种对照对他的心灵来说，无疑是一种极残酷的折磨。

也正因此，清代常州词人张惠言评飞卿词，认为他的《菩萨蛮》十四首，都是“感士不遇”的作品，其言妆饰之华妍，“乃离骚初服之意”。今录三首如下：

菩萨蛮

小山重叠金明灭。鬓云欲度香腮雪。懒起画蛾眉。弄妆梳洗迟。　照花前后镜。花面交相映。新帖绣罗襦。双双金鹧鸪。

第一首词，是讲一位贵族女子，内心寂寞，无可排遣，晨起梳妆的情态。“小山”指枕屏，是搁在床上枕前用以挡风的屏风。“金明灭”指朝日映射，光亮如金。“鬓云”一句指乌发如云，与香腮雪肤，适成对比。说懒，说迟，总是寂寞抑郁之状。下片是说妆台前有一镜，手中又持一镜，以手持之镜，照着脑后所簪的花，女子必要左右挪动身体，好在前镜中看到后镜内的影像，读者自可想象其婀娜之姿。唐宋人喜欢以彩纸剪为人禽花木，贴于衣上，则以鹧鸪之成双，暗指女主人公却孤独一人，不得双栖。全词的色彩基调是浓烈的金色，这本是暖热的色彩，但鬓云之玄黑、香腮之胜雪，却是森冷的淡色，这才是女主人公内心的底色。以辉煌映衬荒凉，是大作家的手段。

> 水精帘里颇黎枕。暖香惹梦鸳鸯锦。江上柳如烟。雁飞残月天。　藕丝秋色浅。人胜参差剪。双鬓隔香红。玉钗头上风。

第二首词，更像是一部精心剪辑的微电影，其镜头的运用，堪称出神入化。先是一个远景：晶莹剔透的水晶穿成的帘子中，是同样晶莹美丽的颇黎（美玉名）枕，屋子里薰着香，盖着的是绣有鸳鸯的锦被，非常温暖。这个镜头仿佛是把人给丢了，其实作者是让你想象，如此精致的器用，使用者当然是一位佳人。第二个镜头，忽然转到残月在天、柳色如烟的江岸，那大概是佳人与情人分别的地方吧，是往事？是梦境？都不易晓，只知那是她心中隐藏最深的一幕。“柳”谐音“留”，古人诗文中常与送别相关，而北飞的大雁，则象征着对爱的追随，是佳人灵魂的投射。这是春夜将阑时的景致。过片（词有的不分段，有的分段。分段的又分二段，叫作双调；三段，叫作三叠；

四段，叫作四叠；每一段，又叫作一片。从第二段开始，每一段的第一句，叫作过片）镜头再转，转到初秋时节。此句古人多不作解释，近时有学者认为是指衣服的颜色，像秋天的藕，色作淡黄，我不能赞同。我以为这是说时节正当秋色未浓，天高云淡。用藕丝喻秋色，正见秋色之浅淡，且“丝”又谐音“思”字。古时荆楚风俗，正月初七为人日，会剪彩纸或金箔作人形，贴到屏风上或插戴在头鬓上，用以厌胜邪祟，故称人胜。自“江上”句以下，到此恰历一年。四句合观，正见相思之酷、追慕之久。结尾则是一个特写的镜头，着重在佳人的鬓发。先是从两鬓边望去，能看到香腮上涂抹着胭脂，再就是头上插的玉钗，忽然一下子动了，那其实不是风吹钗动，而是她的内心，忽然被什么给触动了。

飞卿的这种镜头转结式的写法，后来被宋代词人周邦彦、吴文英用到长调中去，成为非常高明的艺术手法。

玉楼明月长相忆。柳丝袅娜春无力。门外草萋萋。送君闻马嘶。　画罗金翡翠。香烛销成泪。花落子规啼。绿窗残梦迷。

第三首词，较偏于叙事。但他的叙事不是平铺直叙，而是先由倒叙插入。首二句用“玉楼”“明月”“柳丝”等与别后相思有关的意象堆砌起来，写别后思忆之深，以致百无聊赖，做什么都没有心力。春无力者，非关天公不作美，是主人公心中乏力罢了。“门外”二句，回想送别时的情景。萋萋是有出典的，汉淮南小山《招隐士》：“王孙游兮不归，春草生兮萋萋。”后来作诗词，但凡说王孙、春草、萋萋，便是说送别了。这本是程式化的描述，偏偏加上一句“送君闻马嘶”，不仅立刻有了视觉上春草萋萋的绵远，更有了听觉上萧萧马鸣的悽恻。过片又是两个特写镜头的映带。一是罗扇上画着金色的翡翠鸟（一种极难捕获的珍禽），既以罗扇隐喻女子身世，被人抛弃，如秋扇先捐，又以翡翠隐喻女子的美好；二是蜡烛将尽，融成蜡泪，则女子当别后偷弹无数香泪，自然可知。结句是到了春暮杜鹃（即子规）啼叫，韶光垂尽的时节，绿树荫浓，遮蔽窗户，这绿色浓郁得化不开，便如女子的残梦，怎么也走不出情感的陷阱。

我以为，飞卿词并无寄托，但他一腔牢愁失意，使得他看人看事，总透出一种悲观与荒凉。即使金碧辉煌，凝妆端坐，也掩饰不了那种凄凉的底色。他的词之感人即在此。然而，这些词更像是透过毛玻璃看到他朦胧的身影，却不是照片中的影像。

另举三首《更漏子》：

柳丝长，春雨细。花外漏声迢递。惊塞雁，起城乌。画屏金鹧鸪。　香雾薄。透帘幕。惆怅谢家池阁。红烛背，绣帘垂。梦长君不知。

相见稀，相忆久。眉浅淡烟如柳。垂翠幕，结同

> 心。待郎熏绣衾。 城上月。白如雪。蝉鬓美人愁绝。宫树暗，鹊桥横。玉签初报明。

> 玉炉香，红蜡泪。偏照画堂秋思（sì）。眉翠薄，鬓云残。夜长衾枕寒。 梧桐树。三更雨。不道离情正苦。一叶叶，一声声。空阶滴到明。

本是咏更漏的本意词（凡是词牌名即是词的主题的，称作本意），然而词中所述之相思，缠绵到死，爱得浓，爱得挚，这是心灵之光的曲折投射，飞卿的人生外表放诞，实则极其认真，他一生忠于他的性情，有此诚于中的品性，乃有形于外的芳馨悱恻的词作。

复如《诉衷情》：

> 莺语。花舞。春昼午。雨霏微。金带枕。宫锦。凤凰帷。柳弱蝶交飞。依依。辽阳音信稀。梦中归。

题材略如唐之闺怨诗，写丈夫远戍辽阳，妻子在家思念不置，而意态凄绝，是其独擅。

他也有清丽浑挚之作。《梦江南》：

> 千万恨，恨极在天涯。山月不知心里事，水风空落眼前花。摇曳碧云斜。

虽是男子作闺音，却写得那么真切自然。

才人多厄，自古皆然。《花间集》收飞卿词六十六首，六十六首词，展现的是一个有缺陷的灵魂，飞卿不幸成了性格的奴隶，令人千秋之后，犹一掬同情之泪，然而不可否认，他极真挚地忠于自己的性格，哪怕这种性格最终带来的，是人生的无穷屈辱。

他始终是一个纯净的孩子。

詠唐宋詞人望江南

鹽瀆徐晉如康侯

飄蓬客鉛淚濕秋雲江柳拂殘清夜月杜鵑啼
損錦城春深坐自含嚬

右温尉

湖上雨對對浴鴛鴦畫舸淺眠思帝闕春壚沈
醉憶仙鄉塵結鬢邊霜

右韋相

猿啼住棹月一身閑故國煙波青嶂外楚王宫
殿碧流前曾著此殷頑

右李賓貢

花月淚霑袖復橫頣壯氣不隨王氣沒朱顏爭
似醉顏頹萬古有餘悲

右後主

殘酒盞哀樂逼中年冷落關河供醉嘯淒清館
舍寄華顛抱影正無眠

洛阳才子他乡老

说韦端己

梁羽生先生的小说中有一章的回目：『中年心事浓如酒，少女情怀总是诗』。端己就是中年心事浓如酒的典型，他的情感是有阅历、有思想的人的情感，不是毛头小伙子的荷尔蒙冲动。他什么都经历了，什么都见过了，却仍然选择奋不顾身地爱，这才是耐人回味的诗性人格。正因为端己的词里包蕴的是这样一种浓烈深挚的情感，才更加沉郁动人。

春日遊 杏花吹滿頭 陌上誰家年少 足風流
尘·乙未夏至於京中

洛阳才子他乡老

——说韦端己

韦庄字端己，是由晚唐入五代的著名诗人、词人。自来温韦并称，《花间集》所辑录的词人，以温庭筠与韦庄成就最高，影响后世词风也最深。

王国维在《人间词话》一书中，比较花间词的这两大作家说："飞卿句秀，端己骨秀，重光神秀。"重光是作品未收入《花间集》的南唐后主李煜。在古人那里，秀是比丽更高的审美境界，有钟灵毓秀、神清骨秀等语。说端己的词"骨秀"，意思是"其秀在骨"，就像一位娟娟美好的女子，她的秀美的气质是骨子里带来的，而不在眉眼肌肤之间。虽不及后主其秀在神，但已是非常高的评价。王国维又说："飞卿浓妆，端己淡妆，后主则粗头乱服矣。"意思是说温词就好像一位浓妆艳抹、眼波流盼的女子，性感、火辣，魅力四射；韦词，则是淡扫蛾眉，薄施脂粉，秀雅大方；而李后主词却是粗头乱服，头也不梳，衣服也乱穿，却难掩其天香国色，那才是真正的绝代佳人。

王国维自作《人间词》，其中有一首赠人之作《蝶恋花》："窈窕燕姬年十五。惯曳长裾，不作纤纤步。众里嫣然通一顾。人间颜色如尘土。　一树亭亭花乍吐。除却天然，欲赠浑无语。当面吴娘夸善舞。可怜总被腰肢误。"他颂扬的这位未沾尘俗的少女，是北京城中酒家女子，年纪在十五六岁间。她平时总穿一身曳地的长裙，行动处一派自然，不似一般的受礼教影响的女子，走着纤纤细步。她在人群中回眸，嫣然一笑，便把世间的各种美女都比了下去。这位少女就像是一株亭亭玉立的花树，树端缀满了待放的花苞，她的绝世标格，只有"天然"二字才能形容。与她的天然态度相比，那位来自江南吴地的舞娘，尽管有着纤细柔软的腰肢，却显得太过造作了。由此可见，王国维的美学旨趣是反对人为的雕饰，而追求天然的情致，即所谓的"自然真切"。在王国维的美学序列当中，韦庄次于李煜而高于温庭筠。

《花间集》选词最夥者为温庭筠，六十六首，其次是孙光宪，六十一首；端己的词选了四十八首，在数量上不及温，但我读端己词，总比读温庭筠词更多感动。这原因不是王国维所分剖的句秀与骨秀之别，也不是韦词比温词更加自然，而是因为温词多是代言之作，借人家的酒杯，浇自己的块垒，终嫌隔了一层；韦词却多有个人经历蕴于词中。至于李后主的词，迥出温韦之上者，乃是因后主的人生最具悲剧性，他又把自己的全部生命浇铸成了后来者无法跻攀的词作。

韦氏世居杜陵，端己的祖上韦见素，是唐太宗时的名臣，曾祖韦少微，玄宗时中书舍人。但到了端己这一代，家道已经中落了。他自小慈父见背，家里经济也陷入了困顿。端己天生才敏过人，更济以力学，很早就显露出惊人的文学才华。他的诗写得很秾艳，性格也疏旷不拘小节，与一般我们所理解的儒家士子不同。但他性情通达，见事明白，析理深刻，后来在政治上颇有一番作为，这是温庭筠所不能及的地方。

端己在入仕以前，曾久居长安应考。唐代的科举，五十岁能中进士，都算是年轻的，端己直到近六十岁，才中了进士。广明元年（880）他赴长安应试，偏遇上促使唐代灭亡的一件大事，那就是黄巢之乱。黄巢是一个杀人狂魔，他攻占长安后，烧杀掳掠，无所不为。端己亦身陷长安城内，不能走脱，直到两年以后中和二年（882）的春天，他才逃离长安，取道往东，到了洛阳。中和三年（883），他写下了他一生最重要的也是唐代最伟大的史诗《秦妇吟》。厥后流寓南方，先在润州（今江苏镇江）给人做幕僚，再至婺州（今浙江金华），总之是间关万里，备尝苦辛。景福二年（893）重赴长安应试，仍没考上，直到次年即乾宁元年（894）终于考中，授官校书郎，当时他已经是年近六十的老人了。他在词中说自己是“洛阳才子他乡老”，跟我们想象的那种风流倜傥、年少有为的才子是很不一样的。

《唐才子传》这样评价端己：

> 庄早尝寇乱，间关顿踬，携家来越中，弟妹散居

诸郡。江西湖南，所在曾游，举目有山河之异。故于流离漂泛，寓目缘情，子期怀旧之辞，王粲伤时之制，或离群轸虑，或反袂兴悲。四愁九怨之文，一咏一觞之作，俱能感动人也。

大致是说大唐经黄巢之乱，山河举非畴昔，加以人生的流离颠沛，无不增加他的愁怀诗思，他就像写《怀旧赋》的向秀、写《登楼赋》的王粲一样，内心孤独、悲凉，写出的诗文，可以与屈原的《九歌》、张衡的《四愁诗》，以及兰亭雅集的那些作品相媲美，感动人心。

清人赵翼诗云：“国家不幸诗家幸，赋到沧桑句便工。”晚清诗人文廷式也说“生人之祸患，实文章之幸福”。人生遭遇的不幸，会增加诗料，但不会让本不具有诗人天性的人成为诗人，端己天生情感敏锐，中年以后，又饱经忧患，他的人生阅历，都成了他诗词的素材，但仍须经他性情的酝酿，方得成为文学。这就正像蜜蜂酿蜜，最关键的不是花粉，而是把花粉变成蜜的转化酶。

端己是在唐昭宗乾宁元年登进士第，直做到左补阙的官职。当时有个军阀王建，因镇压黄巢有功，任西川节度副使，唐昭宗派端己、李洵到蜀地宣谕旨意，王建看中了端己的才华，把他留了下来，除为掌书记，不久升任起居舍人。王建自立蜀国（史称前蜀）后，端己官至门下侍郎吏部尚书同平章事，已是宰相之职。前蜀的宪章礼乐号令，刑政礼乐，均是端己手订，不过到武成（王建称帝年号）

三年，端己就逝世了，谥号文靖。

端己是通经致用的儒家典范。他才干过人，在给王建做掌书记时，史载他“文不加点，而语多称情”。原来，唐五代时，写公文一定要写骈体文，既要有骈体文对仗工丽、辞藻富赡的文体特点，又要晓畅明白，打动人心，殊为不易。端己写骈体的公文，属稿已成，不加点窜（修改），每句话却明白晓畅，直入人心。当时西蜀有一县令，经常扰民，王建令端己作文宣谕，用作警告，端己写的不是死板的官样文章，而是以情理动之。文中有这样两句：“正当凋瘵之秋，好安凋瘵；勿使疮痍之后，复作疮痍。”意思是正当年成不好的时候，你就要让老百姓休养生息，不要让战乱之后的老百姓再受一层盘剥。这两句话说得入情入理，对仗又精切，所以流行一时，蜀地民众也多借这两句话，抵住了官吏的盘剥。

唐代末年，内则有宦官专政之祸，外则有藩镇不臣之忧。唐昭宗一生被人胁迫，做着傀儡皇帝，先是受制于宦官，后来则受制于大军阀朱温。朱温出身本来就非常坏，他本是黄巢部下，后来反戈一击，投靠朝廷，改名为朱全忠。昭宗有一段时期被宦官囚禁，朱全忠把那些擅政的宦官杀掉，自己胁迫昭宗，得掌实权。这时候朱全忠就让昭宗改了一个年号，叫作天复，以示朝廷的恶势力已清。在天复年间，王建作为地方割据政权的首领，很担心自己的地位不稳固，所以就派端己到朝廷去入贡，真实的用意是跟当时权倾朝野、实际的国家掌舵人朱全忠修好，大意略谓：你放心，我一定是你地方上坚强的后盾，你永远是大哥，我永远是小弟。端己有着非常好的外交才干，他不轻易说话，但只要一出声，就一定是切实可行的方案，所以朱全忠也对他十分欣赏。

王国维曾说，有主观之诗人，有客观之诗人，主观之诗人不必多阅世，客观之诗人必多阅世。端己的情况却要复杂得多。历史上很多的诗人，政治上、生活上幼稚得一塌糊涂，端己从宦后，却一直大得器重，他的政治嗅觉非常灵敏，判断力不是一般的好。天复四年（904），朱全忠终于等不及了，派手下把唐昭宗以及昭宗后妃等一千多人全部杀害，立昭宗子李柷为皇帝，即后来的唐哀宗。三年以后，又废哀宗自立为帝，同时改国号为大梁，并且还把自己的名字改作朱晃。这时候他就派了使者司马卿到西川去，宣读“圣旨”。先至兴元，兴元节度使王宗绾把这份“圣旨”又派使者用驿马传给王建。王建很想恢复大唐，端己却看出大唐气数已尽，只劝王建说兵者为大事，不可仓促而行，于是代王建起草复信，峻责王宗绾不能为大唐守节。文中有这样一段话：

吾家受主上恩有年矣，衣衿之上，宸翰如新；墨诏之中，泪痕犹在。犬马犹能报主，而况人之臣子乎？自去年二月，车驾东还，连贡二十表，而绝无一使之报，天地阻隔，叫呼何及！闻上至谷水，臣僚及宫妃千余人皆为汴州所害，及至洛，果遭弑逆。自闻

此诏，五内糜溃，今两川锐旅，誓雪国耻，不知来使何以宣谕示此告？（见《蜀梼杌》）

责以大义，封住王宗绾之口，又勒令王宗绾自决进退，司马卿一看此情形，只得悻悻然向朱全忠返报。

梁篡唐后，端己与诸将佐劝王建自立为帝，端己也因此成为前蜀的开国宰相。朱全忠自知无法统一全国，又派使者跟王建通好，信中卑辞自抑，尊称王建为兄，端己一看书信，就明白了朱全忠的用心，笑谓左右，说这是“神尧骄李密之意”。神尧，指的是唐高祖李渊。隋末之时，天下反隋者众，李渊势力渐大，但仍不及瓦岗寨的首领李密，所以李渊给李密写信，把李密捧得很高，让李密自骄自大，出兵抵挡东都强敌，李家却专心一意扫平关中，据有关河之险，休养生息，直待其他反王鹬蚌相争，而坐收渔人之利。端己政治上的成熟老练，可见一斑。

在古往今来的诗人、词人当中，端己可算是非常另类的。他的另类就体现在，他在政治上非常成熟，在情感上又非常真挚，非常浓烈。他让我想起梁羽生先生的小说中有一章的回目：“中年心事浓如酒，少女情怀总是诗”。端己就是中年心事浓如酒的典型，他的情感是有阅历、有思想的人的情感，不是毛头小伙子的荷尔蒙冲动。他什么都经历了，什么都见过了，却仍然选择奋不顾身地爱，这才是耐人回味的诗性人格。正因为端己的词里包蕴的是这样一种浓烈深挚的情感，才更加沉郁动人。

怎么会是这样？我的看法是，端己的政治成熟、见事机敏并不是来自他的天赋，而是来自读书和阅历。现实中有很多人，因为出身微贱，很小就懂得钩心斗角、看人眼色，这样的人往往能在政治舞台上青云直上，但在情感上绝对不可能纯粹执着。因为这样的人从懂事起就是彻底的利己主义者，他把社会看作彻底的功利场，所有思考的出发点，所有选择的目的，无非是获取最大的好处，这样的人是不可能像端己这样既有经世之才，又不失为一纯粹之诗人的。端己是宗奉儒学的士人，他读书出仕，是为了治国平天下，并不是为了追逐名利。儒家经典的实质都是政治哲学，端己就在经典中汲取为政之道。另外，端己从青年时期便读书有成，开始考进士，一直考到将近六十岁，方才考中，这中间又经历黄巢兵燹，流寓江南时为人做幕僚，也锻炼了他的心智和才干。但是一个人成为什么样的人，归根结底是由其性情决定的，读书和阅历，没有戕贼他的性情，他以赤子之心对待感情，又以赤子之心忠君爱民，在政治上，端己智而不诈，在情感上，端己深情眷眷，他是一位诗性的循吏。

端己诗集名《浣花集》，集名浣花，是因为端己希望成为杜甫一流的大诗人。他自到成都后，觅到当年杜甫在成都住的浣花溪的遗址，那里本有杜甫的草堂，其时房屋已坏，但柱基仍存，于是他令人芟草培土，重加整治，新建草堂居住。在他去世后，他的弟弟韦蔼给他编集子便叫作《浣花集》。

但是在《浣花集》里面，偏偏没有收录端己一生写得最好、最重要的那首长诗《秦妇吟》。这首长诗一直湮没了一千多年，一直到二十世纪初敦煌藏经洞被发现，人们才重新阅读到了这首旷古烁今的史诗。

端己写《秦妇吟》，诗成耸动天下，人称“秦妇吟秀才”。（唐代的秀才，就是进士的意思，跟明清两代科举考试的最低一层学位不是一回事。）但一千多年中，人们仅能从诗话里知道，这首诗里有“内库烧为锦绣灰，天街踏尽公卿骨”二句。又传说端己出仕后，因这两句得罪当时官场，故“深讳之”，不愿谈及此诗，还作《家戒》，要子子孙孙不得“垂秦妇吟障子”。原来，唐代用一种透光性很好的纸糊在木架上，做成分隔室内外的窗户，叫作障子，今天日本民居仍多用之。障子上往往会印上一些图画或诗句，《秦妇吟》就成了当时障子商人用得最多的素材。既然连秦妇吟障子都不许使用，其诗不收入《浣花集》也就没有悬念了。

当代学者俞平伯先生对于端己深讳这首诗的原因，有着另外的考释。他认为《秦妇吟》鞭挞黄巢，更鞭挞了当日围城的官兵。其时黄巢被围困在长安城里，金银珠宝，堆积如山，却没有食物来源，于是就开始吃人肉，把城里面的人都吃光了，就向围城的官兵买。官兵从山里抓来老百姓，卖给黄巢的队伍当饭吃。这样官兵不用拼命，就能得钱无算。这一段历史，当朝者当然想要从人们的记忆中永久抹去，端己后来担心因此诗招祸，也就可以理解了。

《秦妇吟》是一首长庆体的长诗。长庆体，是唐代长庆年间由白居易和元稹创立的诗体，在体裁上属于长篇的歌行，音节和婉，文辞绮丽，多用对仗，擅长铺叙，故殊便于传唱。我们且来看下面这一段，写战乱之后的萧瑟破败：

> 长安寂寂今何有？废市荒街麦苗秀。采樵斫尽杏园花，修寨诛残御沟柳。华轩绣毂皆销散，甲第朱门无一半。含元殿上狐兔行，花萼楼前荆棘满。昔时繁盛皆埋没，举目凄凉无故物。内库烧为锦绣灰，天街踏尽公卿骨。

文辞绮丽哀怨，又明白如话，这正是长庆体的特色。

传统文学史认为端己的一生可以分为前后两期，前期是在唐代做官，后期是到西蜀，“委身伪朝”，在王建手下干事，前期创作以诗为主，后期以词为主。还有一个流传甚广的故事，说端己本有美姬善文翰，王建托以教宫人为词，强行夺去。端己无可奈何，作《谒金门》词忆之，姬闻之不食而死。这种传说只可当小说家言，当不得真。只要细读韦词，就知无论说端己词多作于仕蜀时，还是说《谒金门》词是怀念被夺的姬人，都不思之已甚。

实际上，端己词主要作于他流寓江南直到中举后不长的那些年。他作品中的情事不像李商隐诗那样迷离惝恍，而是有非常明晰的时间序列。他的词都是写一己之情事，没有特别的寄托。比如下面这首《浣溪沙》：

夜夜相思更漏残。伤心明月凭（pìng）阑干。想君思我锦衾寒。咫尺画堂深似海，忆来唯把旧书看。几时携手入长安。

明是在京应举思念爱人之作。词中的女主人公，当是他在流寓江南时所识，故结句希望与她携手进京。首句中的更（gēng）漏，是古时计时工具，是用铜壶钻孔，往下滴水以计算时刻，古时一夜分作五更，每一更有人击柝鸣锣，宣布更点，叫作更鼓，故计时工具称作更漏。更漏内的水已干，不再往下滴了，即所谓更漏残，那就是五鼓天明，夜色将尽，还是睡不成觉。何以夜夜失眠呢？因相思之情，备极残酷，故辗转反侧，不能成睡。次句则云既不能寐，不如倚着栏杆，看看天上的月色，寄托伤心吧。第三句“想君思我锦衾寒”写得不是一般的好，他不说我在想你，而是说想着你在想我之时，虽然盖着锦被，但是孤独难遣，依然感到寒冷。这样，情感就更深入了一层。

过片有可能暗用唐元和年间诗人崔郊的诗《赠去婢》典故：“侯门一入深如海，从此萧郎是路人。”先秦时，唯有贵族的家庭，屋宇才许雕饰，普通老百姓只能住不经雕饰漆画的白盖之屋，是谓白屋，故“画堂”一般指权贵豪富之家。女子既已嫁入豪门，画堂虽仅咫尺，两人之间的距离却深似大海，在思念她时，只能拿从前的书信慰解相思。但还有另一种可能，即该女子本出身豪富之家，因家中阻挠，不能与尚未释褐的端己结缡。结句还蕴有万一的希望，若是天可怜见，我们有机会再在一起，我又能高中进士，到那时携手游览京城，当是何等愉快？

《花间集》里还有端己的五首《菩萨蛮》，这五首词一气呵成，与温庭筠的十四首作于不同时、不同地不一样。这五首词，也并不是像张惠言所讲的那样，是入蜀为官怀念唐王寄意忠爱之作，而是他在洛阳应举，怀念江南所作。江南并不是端己的家乡，但他在长安饱经战乱，流寓江南的日子反倒是难得的安乐时光，加之在洛阳应举，前途未定，追忆江南旧欢，思归不得，情绪十分复杂。

红楼别夜堪惆怅。香灯半卷流苏帐。残月出门时。美人和泪辞。　琵琶金翠羽。弦上黄莺语。劝我早归家。绿窗人似花。

人人尽说江南好。游人只合江南老。春水碧于天。画船听雨眠。　垆边人似月。皓腕凝双雪。未老莫还乡。还乡须断肠。

如今却忆江南乐。当时年少春衫薄。骑马倚斜桥。满楼红袖招。　翠屏金屈曲。醉入花丛宿。此度见花枝。白头誓不归。

劝君今夜须沉醉。樽前莫话明朝事。珍重主人心。酒深情亦深。　须愁春漏短。莫诉金杯满。遇酒且呵呵。人生能几何。

洛阳城里春光好。洛阳才子他乡老。柳暗魏王堤。此时心转迷。　桃花春水渌。水上鸳鸯浴。凝恨对残晖。忆君君不知。

五首是一整体，但又可分前后两个层次。前三首为一层，重在对江南情事的追忆；后二首又是一层，重在寓居洛阳的所经所感。

第一首，劈头直入，由江南情事直接写开去。它讲的是与江南一位青楼女子的恋情。上片写夜半临歧，美人依依不舍，垂泪分别。但一经渲染以红楼、香灯、半掩的垂着流苏的锦帐、残月等意象，立时营造出一种凄美的氛围。过片二句，是说忘不了这位歌伎弹奏琵琶的场景：琵琶上装饰着金翡翠的羽毛，弦上流转出黄莺一样悦耳的声音，可是还没有完，主题是在一结："劝我早归家。绿窗人似花。"这位美人很清楚与主人公的爱情只是昙花一现，她善解人意，劝道：你该回去了吧，你心爱的妻子在家里等着你。

第二首是对第一首的回应。难道主人公不愿意回到家中吗？可是自己求取功名不得，又怎能轻言回去呢？"人人尽说江南好。游人只合江南老。"写得多美！但这种美，不是靠意象的美而烘托，却是靠浓挚的情感，而且是经过理性的浸润后的浓挚的情感动人。江南之美，甲于天下，但寓居在此，逃避战乱的人，又怎么会有归属感？故这两句是沉郁的。“春水碧于天。画船听雨眠。”说的是碧绿的春水，比天空还要明净，躺在游船画舫之中，和着雨声入睡，又是何等之美，何等之空灵。前二句的沉郁，与后二句的空灵，形成了难以言喻的艺术张力。

过片暗用卓文君之典。汉时蜀人司马相如，与巨富卓王孙之女卓文君私奔，因卓王孙宣布与文君断绝关系，司马相如就令文君当垆，自己穿着短裤，在大街上洗涤酒器。所以“垆边人似月。皓腕凝双雪”，“垆”就是酒垆，“垆边人”指的就是自己的妻子，也就是上一首中“绿窗人”。主人公何尝不思念这位面如皎月、肤色赛霜雪的妻子？但是“未老莫还乡。还乡须断肠”，古人云富贵而不还乡，就像衣锦而夜行，而一事无成的人，回到家乡，心情只能更加抑郁哀凉。这两句没有任何艺术技巧可言，纯粹靠人生阅历和情感动人，成为千古名句。清末大词人王鹏运提出，写词要符合“重、大、拙”三字诀，这两句就是“拙”的审美境界。

第三首，画面立足现在，追忆江南，有今昔对照之概。“如今却忆江南乐”一句领以下七句，一气贯注直下，笔力很是惊人。上片二三四句谓在江南时，自己尚是意气风发的年纪，穿着鲜艳的春衫，衬托出健美的身材，在斜桥边随便摆个姿势，就会引来满楼的歌伎争相招揽。过片接着写风流情事，情节是“醉入花丛宿”，镜头却是“翠屏金屈曲”，这是很高明的蒙太奇的手法。屈曲是合页铰链，用铜做成，所以叫金屈曲，以形容它的美。对翠屏、金屈曲做一个特写镜头，把“醉入花丛”之后的情节遮掩住了，就让人多了一层想象。词是极美丽的文体，要想写得好，就要善于设色，要懂得调配色彩。全词以春衫的鲜艳、红袖的热烈、屏风屈曲的金碧为基色，最后却是白头的萧瑟，浓淡明暗，映带前后，情感更见悲凉。一结“此度见花枝。白头誓不归”，是一决绝语。所谓决绝语，就是用发誓的方式说话，这是古诗词中常用的修饰手法，在诗词当中用上这种修辞手法，感觉就像是古乐府，非常质朴非常有力。

台湾的萧继宗教授评说这三首词的结尾，说：

> 此三首后结，首云：“劝我早归家”，次云：“未老莫还乡”，末云：“白头誓不归”，实有层次，年愈老而语愈坚，思愈深而情愈苦。

堪称独具只眼。我们经常听到有些人说，时间会改变一切，但有些情感、有些东西、有些人是永远不会变的，反而是时间越久，心中的苦痛越加深挚。端己正是这样一位性情中人。

从第四首开始，转为现在时。对于第四首，明代诗人、戏曲家汤显祖没有读懂，他说：“一起一结，直写旷达之思，与郭璞《游仙》，阮籍《咏怀》，将毋同调。”一起是指“劝君今夜须沉醉。樽前莫话明朝事”，一结是指

“遇酒且呵呵。人生能几何”。这是没有体悟到端己故作旷达，而内心沉痛的感觉。李冰若先生在《栩庄漫记》中反驳说：“端己身经离乱，富于感伤，此词意实沉痛，谓近阮公《咏怀》，庶几近之，但非旷达语也，其源盖出于《唐风·蟋蟀之什》。”他认为说韦词与阮籍的《咏怀》诗八十二首相近，这是对的，但说成是旷达语就不对了。

“遇酒且呵呵。人生能几何”，从表面上看很旷达，有人生苦短、宜及时行乐的意思，实际上用在这里是反语。端己的生命态度极其认真，在词中故意说跟自己生命状态完全不同的话，反而显得更加沉痛。这两句的意思就是，你干吗要那么认真啊，还不如多喝点酒，多快乐点，傻笑点。这是对他的人生态度的忏悔，更是对他的人生态度的坚持，他把人生无限难以言说的无可奈何，都表现在这首词里面了，所以根本不是旷达，而是悲凉。

第五首是对前四首的一个总结，也是端己对他现实人生的冷静观照。“洛阳城里春光好。洛阳才子他乡老。”老而无成的才子，对着春光，尤其是冠盖如云作为陪都的洛阳城的春光，心中的郁结可想而知。“柳暗魏王堤。此时心转迷。”“魏王堤”是指洛水流经洛阳城内的一段堤坝，为当时名胜，因曾赐给魏王李泰为苑囿，故称魏王堤。“柳暗”是说柳色转深，春天将尽了。见物候变异而心转迷，迷的是什么呢？作者并没有点明。他把心中无限的悲伤、无限的矛盾痛苦、无限的绝望，全都藏在心底，只是告诉你，主人公心事转迷，他的心里面有多么复杂多么难受，你自己去品咂。

过片“桃花春水渌。水上鸳鸯浴”，是说桃花漂在澄明清澈的春水之上，水面上浮游着对对鸳鸯。自《诗经·桃夭》之后，桃花就有与婚姻、爱情相关的意义，鸳鸯当然更是爱情的象征，故很自然地，主人公想到了远方的爱人：“凝恨对残晖。忆君君不知。”这个结句称得上是神完气足，情感特别充沛。

朱庸斋先生说：“韦庄之《菩萨蛮》与温庭筠风格不同。温词作风古艳，韦词作风古朴。温词‘江上柳如烟，雁飞残月天’写无人之境，幽峭而哀怨；韦词‘春水碧于天，画船听雨眠’写有人之境，和谐、舒畅而静谧。可见韦庄善于搜索突出之典型景物，加以描绘，以表现当时之境况。”温词开出后来吴文英一路，韦词开出后来姜夔、张炎一路，前者秾艳精雅中，饶蕴幽怨，后者清丽妩媚中，自寓精壮。

再看他的《归国遥》：

金翡翠。为我南飞传我意。罨画桥边春水。几年花下醉。　别后只知相愧。泪珠难远寄。罗幕绣帏鸳被。旧欢如梦里。

唐五代词，一般乐主辞从，词牌是曲子名，词的内容都与曲名相关，与后来的词既有词牌又有题目不同。这样的词，词人如果一定要加个题目，便叫作“本意”，就是词的内容即是词牌本来的意思。这首词就是一首“本意”，写归到故土，对客地人的怀念。

上片以祈令语开头，“金翡翠。为我南飞传我意”，写得非常质朴，像是民歌的感觉。接下来两句，点明所思之人身在何处，以及对当日欢情的怀念。“霅画桥”是霅画溪上的桥，霅画溪在浙江湖州一带。但这里是用霅画桥借代江南，因为词的意象只有轻灵纤小，才有词的味道。霅画桥边，花下沉醉，是和谁呢？不必说出，说出来就没有韵味了。

过片也是因为情感太浓挚，所以根本用不到虚笔写景。最后叙写细节，“罗幕绣帏鸳被。旧欢如梦里”，写得非常炽热大胆，但又特别真挚。

端己的两首《荷叶杯》，也写得深情眷眷：

> 绝代佳人难得。倾国。花下见无期。一双愁黛远山眉。不忍更思惟。　闲掩翠屏金凤。残梦。罗幕画堂空。碧天无路信难通。惆怅旧房栊。

> 记得那年花下。深夜。初识谢娘时。水堂西面画帘垂。携手暗相期。　惆怅晓莺残月。相别。从此隔音尘。如今俱是异乡人。相见更无因。

显然，这样的词与政治寄托毫无关系，也是讲他的一段感情，对词中这位绝代佳人的思念。最后两句“如今俱是异乡人。相见更无因”，非常平白，简直就是口语，但又非常感人，因为它能够引起很多跟他有相同经历人的共鸣。

下面这两首，不是端己很好的作品，但可以作为旁证，证明我认为端己词都有明确的时间序列的观点。二词写他中进士以后的快乐，把皇帝比作玉华真君，而自己也就飘然欲仙了：

喜迁莺

人汹汹。鼓冬冬。襟袖五更风。大罗天上月朦胧。骑马上虚空。　香满衣，云满路。鸾凤绕身飞舞。霓旌绛节一群群。引见玉华君。

街鼓动，禁城开。天上探人回。凤衔金榜出门来。平地一声雷。　莺已迁，龙已化。一夜满城车马。家家楼上簇神仙。争看鹤冲天。

端己中举前还有两首《谒金门》，按照萧继宗先生的观点，是写作者与一个女道士的爱情。前曾说过，唐五代时词都是咏本意，《谒金门》词牌本就是表现女道观，端己的这两首词是写对女道士的爱情，也就顺理成章了。

春漏促。金烬暗挑残烛。一夜帘前风撼竹。梦魂相断续。　有个娇娆如玉。夜夜绣屏孤宿。闲抱琵琶寻旧曲。远山眉黛绿。

空相忆。无计得传消息。天上嫦娥人不识。寄书何处觅。　新睡觉来无力。不忍把君书迹。满院落花春寂寂。断肠芳草碧。

唐代女道士，在身份上与妓女比较接近，很多唐代的诗人，都与女道士发生过感情，端已也未能免俗。其第二首，就是前人的诗话里说的，被蜀主王建抢了姬人后的追念之作。但这两首词的情感，只是淡淡的惆怅，不是那种爱人被强夺去的痛苦。“天上嫦娥人不识。寄书何处觅”更是在暗示女主人公的身份。因唐诗里面特别喜欢把女道士比作天仙。

另有两首《女冠子》，据词牌看应该也是写与女道士的爱情：

四月十七。正是去年今日。别君时。忍泪佯低面，含羞半敛眉。　不知魂已断，空有梦相随。除却天边月，没人知。

昨夜夜半。枕上分明梦见。语多时。依旧桃花面，频低柳叶眉。　半羞还半喜，欲去又依依。觉来知是梦，不胜悲。

端已的词里，我最喜欢的是这首《思帝乡》：

春日游。杏花吹满头。陌上谁家年少，足风流。

妾拟将身嫁与，一生休。纵被无情弃，不能羞。

贺裳在《皱水轩词筌》中说：“小词以含蓄为佳，亦有作决绝语而妙者。如端己‘陌上谁家年少，足风流。妾拟将身嫁与，一生休。纵被无情弃，不能羞’之类是也。牛峤‘须作一生拚（pán），尽君今日欢’，抑亦其次。柳耆卿‘衣带渐宽终不悔，为伊消得人憔悴’，亦即韦意，而气加婉矣。”这首词堪为韦词压卷，好就好在写得非常决绝。端己哪里是在写怀春的女子，而是借这位女子的口，写出自己一毫不肯苟且的生命态度。端己用生命的炽热与真诚，泼画出花间词的又一个高峰。

右柳屯田

繁華歇歌拍自天真彩袖勸來鄰澤動霞觴捧

去錦詞新夢冷到蘋雲

右小山

孤鴻影今夕宿誰邊白首可憐機未忘滄江誰

酹月新圓露重玉葭寒

右東坡

過嶺句高古異前時慧業未容償綺債飛雲當

面化蚪螭心事指黃鸝

右秦太虛

千帆舞素霓接星河大月夜分奇女氣小郎新

唱鳳臺歌獨立表巖阿

右易安居士

拚千醉醉裏看吳鈎江晚鷓鴣催壯別春深鶗

鴂動新愁分淚與黃流

右辛青兕

翻是波斯有逸民

说李德润

德润选择这样的人生道路，固然与他深受儒学熏染有关，但根本上是因为他生具坚强不磨的性情。也正因有此性情，他的词才在婉丽中透出贞刚的力量。

晚出閑庭看海棠 風流學得內家妝 小釵橫戴
一枝芳 鏤玉梳斜雲鬢膩 縷金衣透雪肌香
暗思何事立殘陽
尘 乙未夏夜於京

翻是波斯有逸民

——说李德润

花间词人三大家，一般指温庭筠、韦庄、孙光宪，李冰若先生和我的太老师朱庸斋先生则认为，温、韦而外，仅李珣有独特风格。

按照明人胡应麟的观点，大家是“具范兼镕”，名家则是“偏精独诣”，但也有诸体俱工而不免名家，如王维；在某一体裁上微有短板，却不失大家的，如李、杜。以具范兼镕论，孙光宪的词风固然非常独特，时有警句，但风格不够浑成，与温、韦并列，恐怕还有未当。而若论情感的浓挚，只能温、韦并称，堪比昆仑泰岱，其余只能算名山而已。在诸名家中，我偏爱李珣的词。

李珣有一个特殊的身份。从血统上说，他并非中原人氏，而是波斯人的后代。但他生于中国、长于中国，接受儒家文化，最后成为五代时期一位罕见的有士大夫气节的词人。

李珣字德润，出生在梓州。他的先祖是唐敬宗时波斯商人李苏沙。唐敬宗喜欢大兴土木，建造宫室，李苏沙曾献上了罕见的沉香木材。李苏沙后来一直生活在中国，大概也与中国人通婚，传到德润这一辈，有一个哥哥李玹，字廷仪，还有妹妹李舜弦，被前蜀的后主王衍纳为昭仪。

德润虽身膺外戚，但并没有靠这层关系攀龙附凤做大官，因为《花间集》仅仅把德润叫作李秀才，或者叫作宾贡。所谓宾贡就是地方政府听说某人很有才干，于是具名推荐到中央去，让朝廷来考核是不是有资格当官，到了朝廷会受到上宾一样的接待，所以叫作宾贡。另外据宋代《茅亭客话》记载，德润"所吟诗往往动人。国亡不仕，词多感慨之音"。他在前蜀被灭后，甘愿做遗民，其词就有很多感慨兴亡之作。

近代中国人，受进化论和唯物论的影响，不吝用保守、反动等恶谥加诸忠于前朝的遗民头上。但在古代并不如此。司马迁著《史记》，列传中第一篇就是《伯夷列传》，赞美不食周粟的殷商遗民伯夷、叔齐。选择做遗民，不仅是读书人的气节，有时还是一种鲜明的文化立场。比如宋、明的遗民，他们所守望的，不仅是内心的道德律令，还是历劫犹存的中华文化。

德润是给一个什么样的国家去做遗民呢？不妨来看一看宋代诗人张咏的《悼蜀诗》，是他到蜀地做官后写的。诗中首先说蜀地的风土人情："蜀国富且庶，风俗矜浮薄。奢僭极珠贝，狂佚务娱乐。"蜀地很富庶，老百姓很有钱，但风俗浮靡浇薄，就是追求虚荣，人情淡漠，不淳厚朴实的意思。大家争相买奢侈品，花钱无度，成天不干正事，就想着去娱乐。那么前蜀、后蜀的统治者又是什么样子呢？“当时布政者，罔思救民瘼。不能宣淳化，移风复俭约。”当时主政的人没有想过要救民疮痍，他们不能够让风俗变淳，让德化施行，让不好的风气转移掉，恢复到勤俭节约的正常的风俗当中去。至于一般当官的，“情性非直方，多为声色着”。他们的性情本来就不是很正直方正，一天到晚想的是声色犬马。“从欲窃虚誉，随性纵贪攫。”任凭欲望支配本能，窃取他们不配得到的名誉，放纵自己的性情去掠夺。“蚕食生灵肌，作威恣暴虐。”像蚕一样去一点点噬食老百姓的肌肉，作威作福，肆意地施行暴虐的政令。“佞罔天子听（tìng），所利唯剥削。”这些善于逢迎拍马的佞人，把皇帝的耳朵都闭塞住了，整天想的是对老百姓剥皮削骨。这是德润所仕之国。

然则他所侍奉的君主又是什么样的人呢？在晚唐之时，川南节度使王建利用自己手中的兵权，以及军阀混战、藩镇割据的大势，把蜀地淹为己有，建立了蜀国。后来蜀地被后唐给灭掉，复有人建立新蜀国，史称前蜀后蜀，前蜀是王氏，后蜀是孟氏。王建原先也算英明神武，但他年老昏聩，宠幸徐贤妃，废掉太子，改立徐贤妃所生的儿子王宗衍。宗衍登基后把宗字去掉改名王衍，是为前蜀后主。后主登基后，尊母亲徐氏为皇太后，又尊姨母徐淑妃为皇太妃。这姐妹俩贪狠非常，发明了官员岗位拍卖制，从刺史以下，每缺一官，就暗行拍卖，谁给的钱多谁就上位。就此犹嫌不足，另派亲信在通都大邑建起官营的旅店商铺，跟老百姓争利。

王衍继承了母系的恶劣基因，非常荒淫无道。年少的时候就只管自己享乐，国事全部交给几个太监，找了一些亲近的小人，叫作狎客，大家一起耍。王衍建造了很多漂亮的宫舍，跟狎客、妇人日夜酣饮其中。有一年的重九，他又大摆宴席，嘉王王宗寿流泪进言，说皇帝你一定要注意啊，这样下去国家就要危殆了。那些狎客何尝把王爷放在眼里，就说嘉王是喝醉了不由自主地流泪，叫作“酒悲”，然后一起去辱谩嘲笑他，王衍却在一旁作壁上观，漠然视之。

王衍还有一个爱好是微服出游。当时蜀人性好新奇，流行一种特别小的帽子，只能盖住头顶，一低头帽子就掉下来，号称“危脑帽”，王衍认为危字不祥，于是颁令禁戴。他别出心裁，喜欢戴大帽，后来人们只要一见戴大帽的就知道是他，他又令都城中人必须都戴大帽。王衍还发明了一种新式玩意儿，就是把头巾裹在头上，裹得尖尖的像个锥子，这或许就是土改、“文革”时给“土豪劣绅”“地富反坏右”戴的高帽子的滥觞。后宫的女子，也都戴上金莲花冠，就是用金箔折成莲花状的帽子，再穿上道士服，把脸颊涂红，号曰“醉妆”。太后太妃游青城山，随行宫娥衣服上都画着云霞，飘然若仙。其好逸荒政，往往若是。

王衍要是生活在现代社会，可以做一名优秀的时装设计师，或是会所设计师，命运却使他做了一名帝王。这是老百姓的大不幸，然而他自己又何尝幸运？其下场很是悲惨，国家亡给了后唐庄宗李存勖，全家上下也均被杀害。庄宗本来应承，只要王衍归降，不失封侯之位，但因伶人进谗，庄宗还是背信弃义，杀了王衍一家。杀到徐太妃时，徐太妃说：我儿子带同一国诚心归降，你却如此无信，将来必遭报应。后庄宗果为伶人所弑。

王衍有一首《醉妆词》流行于世：

者边走。那边走。只是寻花柳。那边走。者边走。莫厌金杯酒。

词中的“者”，今天写作“这”。这首词篇制十分短小，却有一种豪宕不羁之气。我在北大读书时的老师张鸣先生，非常不喜欢这首词，但是我的至友陆杰，却觉得此词非常有帝王气象。陆杰可以找到他的知音，那就是古龙先生。古龙先生在《大旗英雄传》第二十一章《武道禅踪》里边，写到夜帝之子朱藻出场时，便是以手拍腿，高歌此词。古龙评价说：“这阙《醉妆词》，乃是五代残唐蜀主王衍所写，此刻在他口中歌来，果然有一种帝王之豪气。”

我也觉得这是一首好词，它展示的是抛开世间俗务，追求纯粹的快乐的生命精神。其实，如果一名帝王只是耽酒好色，并不是多坏的事情，最坏的是喜欢折腾，折腾老百姓，今天一个想法，明天一个主义，老百姓就没有好日子过了。孔子说过：“为政以德，譬如北辰，居其所而众星共之。”统治老百姓其实很简单，就是像北斗星一样端居天中，清静无为，不去多打扰老百姓的正常生活，与民休息，自然天下大治。这是题外话，表过不谈。

总结一下，前蜀是一个人情浇薄、习于奢侈的国度，它的君主后主王衍又是一个荒淫无道、不理政事的昏君。问题来了，这样的国、这样的君，值得德润为之守节不移，甘当遗民吗？

我们看一看陈寅恪先生《王观堂先生挽词序》就明白了。

王观堂，即学术大师王国维。他曾任清华研究院国学门导师，与梁启超、陈寅恪、赵元任并称四大导师。他本是前清秀才，后在上海东文学社得名学者罗振玉的赏识，由罗资助东渡日本留学。王国维在日本开始做甲骨文研究，暨宋元戏曲研究，后来终成大师。清朝虽亡，罗振玉却仍忠于清室，他得到已经逊位的末代皇帝溥仪的赏识后，便挈带王国维做了南书房行走的五品官。而到1927年，因先有军阀冯玉祥部下鹿钟麟，不顾国民政府与清室签订的《清室优待条约》，把溥仪和整个皇室赶出宫去，又有大学者叶德辉在湖南被枪毙，王国维深受刺激，选择于1927的6月2日，夏历端午的前二日，写了一封遗书放在口袋里，跟他的学生借了两块钱银洋，租了辆黄包车直到颐和园，在鱼藻轩边投入昆明湖自尽。昆明湖水并不深，但王国维是头下脚上，一头栽进去的，湖底的淤泥把他的口鼻塞住了，不旋踵即窒息而亡。尸体被捞上岸时，衣服还没有完全湿透，遗书的字迹也十分清晰，开头四句是："五十之年，只欠一死。经此世变，义无再辱。"

王国维的自杀，对清华师生触动殊巨。此事一发生，梁启超就召集学生训讲，把王国维跟屈原并论。陈寅恪先生则写了一首长庆体的诗《王观堂先生挽词》以表哀思，这首诗是学唐代元稹的《连昌宫词》，前有小序，大旨是认为王国维之自沉，不是殉清，而是殉人伦、殉文化。里边最有名的一段话是这样说的：

> 吾中国文化之定义，具于《白虎通》三纲六纪之说，其意义为抽象理想最高之境，犹希腊柏拉图所谓Idea者。若以君臣之纲言之，君为李煜，亦期之以刘秀；以朋友之纪言之，友为郦寄，亦待之以鲍叔。

所谓的“三纲六纪”，“三纲”指君为臣纲，父为子纲，夫为妻纲，“六纪”指诸父有善，诸舅有义，族人有序，昆弟有亲，师长有尊，朋友有旧。以君臣之纲而言，就算皇帝是像李煜一样无能的君主，也要把他当光武帝刘秀那样的英主看待；以朋友之纪言之，就算朋友是郦寄，也要把他像鲍叔一样对待。郦寄是初汉时人，与吕禄为友，吕后擅权时，把刘氏宗族几乎杀光，大汉快变成吕家的天下了。郦寄欺骗吕禄，骗得兵符，交给太尉周勃，于是周勃等人就把诸吕全部诛杀。鲍叔是春秋时人，他跟管仲是好朋友，两人合伙做生意，赚来的钱管仲给自己分得多，给鲍叔分得少，鲍叔不以管仲为贪，知他有老母在堂需要供养；管仲用鲍叔的本钱做生意，亏了好多钱，鲍叔不认为他愚笨，而归咎于时运未济。在陈寅恪先生看来，三纲六纪都不是外在的道德规范，而是内心的道德律令，是个人所应追求的道德上和文化上的理想。

所以，德润给这样的国守贞，给这样的君主守节，这是他的精神理念超拔之处，正体现出他高岸的人格。说他不懂得权变，不懂得顺应时代，这样的思想恰恰是卑贱庸俗的小人之见。正因历次改朝换代，都有不食新朝俸禄的大人君子在，中国文化的基本价值观才能代代绵延。

德润选择这样的人生道路，固然与他深受儒学熏染有关，但根本上是因为他生具坚强不磨的性情。也正因有此性情，他的词才在婉丽中透出贞刚的力量。

浣溪沙

晚出闲庭看海棠。风流学得内家妆。小钗横戴一枝芳。　镂玉梳斜云鬓腻，缕金衣透雪肌香。暗思何事立残阳。

访旧伤离欲断魂。无因重见玉楼人。六街微雨镂香尘。　早为不逢巫峡梦，那（nuó）堪虚度锦江春。遇花倾酒莫辞频。

第一首写一位女子，向晚时分，闲愁难遣，到庭院中看海棠消闷。她态度风流，学得了宫中的装束，把一枝小钗横插在发髻上，这发钗上，还沾有她的体泽，因此一定也是芬芳的。古典诗词的美，妙处往往难言，有时需要读者调动眼耳鼻舌身全部的感觉器官，才能深入体悟。像唐诗“蜻蜓飞上玉搔头”，其幽微隐约之旨，必得用嗅觉感知。“小钗横戴一枝芳”也是这样。这位女子的鬓发发质特别光腻，浓密得像云一样，那是用美玉雕镂成的梳子梳就的，她穿着金缕衣，透出雪样的肌肤，她的体香令人发狂。可是，这样令人爱慕不已的女子，心中一定有什么解不开的幽恨，她定是想起什么来了，在残阳下含情悄立，忘记了傍晚时分，夜露风寒。这首词与《花间集》中很多作品风格相似，但“暗思何事立残阳”一句，写得非常峭直，非常有力量，这是用一句结句对前面五句的意思进行了翻转，因此也就更耐人寻味。清代大词人纳兰性德也有一首《浣溪沙》：

> 谁念西风独自凉。萧萧黄叶闭疏窗。沉思往事立残阳。 被酒莫惊春睡重，赌书消得泼茶香。当时只道是寻常。

“沉思往事立残阳”，实际上就是学的“暗思何事立残阳”这一句。

第二首中“早为不逢巫峡梦，那堪虚度锦江春”两句，在当时非常流行。但是我认为大众并没有判别文学经典的能力，能够流行的，往往并不是真正高妙的作品，或者虽然是高妙之作，大众只是震炫于一些表层的东西，并不能真正理解作者的苦心孤诣。方残唐五代之时，社会动荡，整个社会人情浇薄，普通人生活朝不保夕，成日想的就是醉生梦死，所以他们读到“早为不逢巫峡梦，那堪虚度锦江春”这两句时，自然感到“于我心有戚戚焉”。但实际上，德润要表达的并不是这种对自己的人生放任自流的意思。李冰若先生不愧是花间词的知音。他指出：

无因重见玉楼人，故遇花沽酒莫辞频。非曰及时行乐，实乃以酒浇愁，故其词温厚不儇薄。

这是情深之至的伤心人语，而不是儇薄无行之辈的情欲放纵。

《花间集》中有很多儇薄的词，如张泌的《浣溪沙》：

晚逐香车入凤城。东风斜揭绣帘轻。慢回娇眼笑盈盈。　消息未通何计是，便须佯醉且随行。依稀闻道太狂生。

鲁迅翻译如下：

夜赶洋车路上飞。东风吹起印度绸衫子，露出腿儿肥。乱丢俏眼笑迷迷。难以扳谈有什么法子呢？只能带着油腔滑调且钉梢。好像听得骂到“杀千刀”！

德润的《浣溪沙》气息完全不同。他不是要表现人生苦短及时行乐，不是在描写放纵，而是刻画出一个为爱执着，不惜用酒麻醉自己的情种形象。

浣溪沙

红藕花香到槛频。可堪闲忆似花人。旧欢如梦绝音尘。　翠叠画屏山隐隐，冷铺纹簟水潾潾。断魂何处一蝉新。

词的上片，以红藕花香频吹入窗台起兴，逗引出闲情闷闷，思念佳人，不堪相思之苦。“旧欢如梦绝音尘”，是说从前两个人在一起的快乐日子现在就像做了一场春梦，朦朦胧胧无法捉摸，隔断了音尘。一个“绝”字，用得非常见力度。过片描绘内室屏风寝具的精美，隐藏的意思却是因相思而失眠，因为只有失眠的人，才会有心思关注屏风寝具。屏风上画着重重叠叠的青山，绵绵不断，就像是我对伊人的思念；清凉沁骨的细竹席上有美丽的花纹，铺在床上，仿佛粼粼碧水。如此精室，可堪独宿？唯有相思割不断，吹不去。结句“断魂何处一蝉新”，萧继宗教授对其评价是：“情境交融，尽遗俗腐。”“尽遗俗腐”的意思是不做寻常套语，而能写出新的仪态来。“一蝉新”，是说蓦地听到秋蝉的鸣叫，才忽然意识到，哦，秋天到了，而我竟然整个夏天都是在思念、煎熬中度过。夏季蝉鸣不绝，但唯有秋蝉孤鸣之声，才让人“断魂”，才让人感到蝉鸣之“新”。这是一种移情于物的手段，隐藏的意思是，我的痛苦只有这孤独的秋蝉能够知会吧。

德润的一些作品，可说是花间词的别调：

渔歌子

楚山青，湘水渌。春风淡荡看不足。草芊芊，花簇簇。渔艇棹歌相续。　信浮沉，无管束。钓回乘月归湾曲。酒盈樽，云满屋。不见人间荣辱。

荻花秋，潇湘夜。橘洲佳景如屏画。碧烟中，明月下。小艇垂纶初罢。　水为乡，蓬作舍。鱼羹稻饭常餐也。酒盈杯，书满架。名利不将心挂。

柳垂丝，花满树。莺啼楚岸春山暮。棹轻舟，出深浦。缓唱渔歌归去。　罢垂纶，还酌醑。孤村遥指云遮处。下长汀，临浅渡。惊起一行沙鹭。

九疑山，三湘水。芦花时节秋风起。水云间，山月里。棹月穿云游戏。　鼓清琴，倾渌蚁。扁舟自得逍遥志。任东西，无定止。不议人间醒醉。

德润在蜀亡之后，可能到湖南一带隐居。这组词大概就是写隐居高旷之情，词中充盈着勃勃的生机。

第一首的“酒盈樽，云满屋”写得最好。战国时伟大的思想家庄子，提出一个重要的哲学概念，“独与天地精神往来”，这两句就表达了这样的生命精神。

第二首相对上一首，微嫌刻意，但仍可见德润胸次之开阔。“酒盈杯，书满架”及不上“酒盈樽，云满屋”，何妨做一个不识字的渔夫呢？这才是更高旷的境界。德润毕竟是儒生，他可以放下名利，放下小我私己，却放不下士大夫与生俱来的东西：忧患意识。所以他还是忘不了他的“书满架”。

第三首起句“柳垂丝，花满树。莺啼楚岸春山暮”，实化自南朝丘迟《与陈伯之书》中的名句：“暮春三月，江南草长，杂花生树，群莺乱飞。”整首写出了作者与天地合一、宇宙交融的襟抱。“下长汀，临浅渡”，好像看起来跌宕很大，实际上一丘一壑，尽在渔翁胸中。

第四首“水云间，山月里。棹月穿云游戏”，写得多好，一颗心随着月亮，穿云游戏，月亮就仿佛是一条小船，一颗心就是这条小船上的撑篙人。宋儒常讲，“鸢飞鱼跃，活泼泼地”，这颗心正该如此。“鼓清琴，倾渌蚁。扁舟自得逍遥志。”渌蚁一般写作绿蚁，是酒的别称，新酿的酒，一般是乳白色，放上一段时间，颜色会变绿，上面浮着一层薄沫，乍看像蚂蚁一样，故称绿蚁。鼓琴饮酒，扁舟自适，该是很多人向往的境遇吧！“任东西，无定止。不议人间醒醉。”抒写的是忘怀物我的自由境界。“不议人间醒醉”用《楚辞·渔父》之典。屈原被放逐后，行吟泽畔，形容枯槁，遇一渔父，互相对答，屈原说自己落到如此田地，是因“举世皆浊我独清，众人皆醉我独醒”，渔父劝他不如和光同尘，从俗全己，屈原不从，决意投水自沉，渔父莞尔一笑，敲着船桨，唱着《沧浪歌》离去。这个故事是儒家人生观与道家人生观的一次交锋，到德润这里，却同时超越了屈原与渔父，他是“不议”人间醒醉，真正达到了庄子“齐物”之境。

巫山一段云

古庙依青嶂，行宫枕碧流。水声山色锁妆楼。往事思（sì）悠悠。　云雨朝还暮，烟花春复秋。啼猿何必近孤舟。行客自多愁。

这首《巫山一段云》，龙榆生先生《唐宋名家词选》选过，是一首千古名作。《巫山一段云》词牌出自战国时楚国辞赋家宋玉的《高唐赋》，是讲楚顷襄王夜宿高唐，半夜有一女子与之欢会，自述：“妾乃巫山之神女，朝为行云，暮为雨，朝朝暮暮，阳台之下（hǔ）。”德润的这首《巫山一段云》，也是咏巫山神女的本意之作。不过，此词借古讽今，有强烈的现实感，因此也就别出机杼。上片借古庙行宫眼前之景起兴，想象巫山神女正在水声山色之中，转以感慨兴亡，由楚顷襄王的荒淫无道，映衬蜀后主王衍，故曰“往事思悠悠”。过片是说，巫山云雨，依然朝朝暮暮，何尝真见神女其人？像轻烟一样缥缈美丽的花儿，年年盛开，可是当年地连千里的大国楚，今又何在？二句感慨非常。三峡两岸的猿啼非常有名，《水经注》记载：“每至晴初霜旦，林寒涧肃，常有高猿长啸，属（zhǔ）引凄异，空谷传响，哀转久绝。故渔者歌曰：‘巴东三峡巫峡长，猿鸣三声泪沾裳！’”猿啼本已备极哀戚，行客之哀，却又更甚于猿啼了。“行客自多愁”并不是游宦在外，漂泊思乡之愁，而是亡国之人，眷怀故国之哀。

德润的作品突破了花间词专写男女情爱的习惯，触及更加广阔的社会情形，尤其是用词来描写南国风土人情，以十首《南乡子》，最臻其妙。兹举三首：

烟漠漠，雨凄凄。岸花零落鹧鸪啼。远客扁舟临野渡。思乡处。潮退水平春色暮。

渔市散，渡船稀。越南云树望中微。行客待潮天欲暮。送春浦。愁听猩猩啼瘴雨。

相见处，晚晴天。刺桐花下越台前。暗里回眸深属意。遗双翠。骑象背人先过水。

下面这两首我认为是寄托亡国情怀的作品。一首《菩萨蛮》：

回塘风起波纹细。刺桐花里门斜闭。残日照平芜。双双飞鹧鸪。　征帆何处客。相见还相隔。不语欲魂销。望中烟水遥。

“相见还相隔”，相隔的不是一个特定的人，而是他所思念、所缅怀的故国，所以才有“不语欲魂销。望中烟水遥”之慨。烟水相隔，远望不见，隐喻过去的所有美好、所有欢乐，再也追不回来了。这个国再坏也好，再怎么样也好，也是我的家园。“残日照平芜。双双飞鹧鸪”二句，上句阔大，下句纤微，上句凝重，下句轻灵，艺术手法非常高明。

《西溪子》同样应该是有寄托的作品：

金缕翠钿浮动。妆罢小窗圆梦。日高时，春已老。人来到。满地落花慵扫。无语倚屏风。泣残红。

此词表面上是讲女子思春，慵懒无聊，偶因所触，流过脸颊的眼泪和着胭脂，就成了“红泪”。实际上，更像是一位遗民，对着已亡之国洒下的哀凉之泪。“泣残红”暗用三国时薛灵芸红冰之典，她被征送入宫，临行哭泣不已，以玉唾壶承泪，壶呈红色。及至京师，壶中泪凝如冰。故后世以“红冰”“红泪”代指女子的眼泪。

德润还有未选入《花间集》的一些作品，也很有特色，如《渔父》三首：

水接衡门十里余。信船归去卧看书。轻爵禄，慕玄虚。莫道渔人只为渔。

避世垂纶不记年。官高争得似君闲。倾白酒，对青山。笑指柴门待月还。

棹警鸥飞水溅袍。柳侵潭面柳垂绦。终日醉，绝尘劳。曾见钱塘八月涛。

旷达中见深婉。还有一首《定风波》：

往事岂堪容易想。惆怅。故人迢递在潇湘。纵有回文重迭意。谁寄。解鬟临镜泣残妆。

清末大词人况周颐认为有“故君故国之思”，我认为这种说法是成立的。况周颐认为：“李秀才词清疏之笔，下开北宋人体格。”强调他风格的独特。李冰若则说：“李德润词大抵清婉近端己，其写南越风物，尤极真切可爱。在花间词人中自当比肩和凝而深秀处且似过之。……花间词人能如李氏多面抒写者，甚鲜。故余谓德润词在花间可成一派而可介立温韦之间也。”则是将德润与温、韦并列为三大家了。我以为，德润词的妙处在于包罗万象，他不是把词只当成应酬歌女的工具，而是用它来抒情、忧患、白描、交往，这实际上是把词当作诗来写，拓展了词的功能。

与德润同时有个叫尹鹗的人，写诗嘲讽他："异域从来不乱常。李波斯强学文章。假饶折得东堂桂，胡臭熏来也不香。"出语轻薄，徒令人不齿。其实五代十国士大夫风骨扫地，能够有一个波斯人，接受儒家文化熏陶，坚强不磨，是该让当时很多士大夫羞愧的。故清代周之琦评价德润，最称公允："杂传纷纷定几人。秀才高节抗峨岷。扣舷自唱南乡子，翻是波斯有逸民。"

问君能有几多愁

说南唐二主

苏轼批评后主说，亡国之日，应该痛哭于九庙之前，怎么还能垂泪对宫娥？苏轼本来也是词人，他实在不该问出这样政治正确的废话。倘若后主不是性情柔弱到对着宫娥垂泪，未必至于亡国。而且当天地苍黄翻覆之际，垂泪对宫娥才更加动人，这是艺术对比的魅力。

最是倉皇辭廟日教坊猶奏別離歌
垂淚對宮娥
尘乙未夏夜於京

问君能有几多愁

——说南唐二主

俗语云“文无第一，武无第二”，但若要问，谁是千古第一词人？恐怕谁也不会怀疑李后主的地位。在五代的割据政权中，南唐虽时仅三十九个春秋，地仅三千里江山，却贡献了李璟、李煜、冯延巳三位大词人，其中尤以后主李煜横绝千古。李煜虽是现实人生的失败者，却允为词人中的帝王。

南唐共历三帝，首先是开国的烈祖皇帝李昪（biàn），然后是李昪的长子元宗李璟，史称南唐中主，最后则是庙号怀宗的李煜，他是李璟第六子，因系亡国之君，故史称后主。在五代十国中，南唐经济最发达，文化最优胜，中主、后主及其身边的词臣，数量虽不及西蜀词人，而成就实远过之。

现代词学家龙榆生先生，关于南唐二主，有一段非常精辟的论述：

> 诗客曲子词，至《花间》诸贤，已臻极盛。南唐

二主，乃一扫浮艳，以自抒身世之感与悲悯之怀；词体之尊，乃上跻《风》《骚》之列。此由其知音识曲，而又遭罹多故，思想与行为发生极度矛盾，刺激过甚，不期然而迸作怆恻哀怨之音。

龙榆生先生受业于晚清四大词人之一的彊村老人朱祖谋，为彊村临终托砚弟子。但龙先生论词，非常注重词与音乐、声情的关系，此为彊村所未及，故龙先生特地强调南唐二主的“知音识曲”。南唐二主词，相对《花间集》的多数词作，特点是一扫浮薄轻艳之风，沉郁有风骨。其所以如此，乃因此二子不仅能自写身世，且更将这种发端于对自身的自怜，扩充到对宇宙人生的深切同情。这就是悲悯情怀。正因有此悲悯情怀，南唐二主才升华了词的境界，本只是“艳科”的曲子词，才能与《诗经》《楚辞》并列，汇入中国文学的主流。

《花间集》所选二十五家，能于作品中自抒自世的，除韦庄、李珣外，要数薛昭蕴、鹿虔扆的少部分作品，但若与南唐二主相较，终是感觉不够沉郁，不够深婉。这是与南唐二主淳厚浓挚的性情以及他们所处的独特境遇分不开的。

孟子论诗，提出两项基本原则，一是知人论世，了解诗人的生平出处，讨论他所处的时代风云；二是以意逆志，强调读者必须根据自己的情感体验，去感知诗人究竟想表达什么。论诗说词，离不开这两大原则。然则南唐究竟是什么样的一个政权？南唐二主又是何等样的人呢？

首先须知，南唐获得政权，用的是当时最温和、最文明的方法。唐末淮南节度使杨行密，拥兵自立，都于广陵，国号吴，史称南吴，亦称杨吴。南吴在疆域最大时，据有今江苏、安徽、江西和湖北等省的一部分。南唐烈祖李昪本系孤儿，但有唐朝皇室血统，他是唐宪宗第八子建王李恪的玄孙。其父李荣早逝，依伯父李球长育。杨行密任淮南节度使时，一见尚在孩提的李昪就非常喜爱，认为此子头角峥嵘，必非池中物，便想收为义子。偏偏行密长子杨渥心胸狭隘，不能相容，行密只好让李昪拜在大将军徐温膝下，以为螟蛉，并改从徐姓，名知诰。

李昪在杨行密军中，迭立战功，到杨行密称帝时，他已做到左仆射参政事，相当于今天的国务院副总理。古代官制，是先官衔后职务，左仆射是官衔，参政事是他的职务。李昪为官，工作勤勉，生活节俭，不与老百姓争利，待人宽厚，法令简易，很得人心。杨行密死后，大将军徐温已实际掌握吴国的军政大权，皇帝成为傀儡，正常情况下，徐温有可能取代南吴自立为帝，或者徐温死后，由他的儿子再行禅让之事，但有两大机缘使李昪坐收渔人之利，终于南唐取代了南吴，成为大唐正朔的继承者。

先是，徐温子知训，骄泰无礼，贪图享乐，对下属甚是刻削，在天祐十五年（918），就有朱瑾造反，把徐知训杀掉，李昪借平定叛乱之机，顺理成章取代徐知训，成为他义父徐温以下的第二号实权人物。

再是，徐温的另一子知询，位在李昪之下，金陵行军司马徐玠，劝徐温防备李昪，把实权交给自己的亲儿子。徐玠这厢刚向徐温建议，那厢即有人偷偷告诉李昪。李昪慌忙给徐温写表陈情，以退为进，自请辞去一切军政要务，只求到江西外任地方官。结果表未上徐温即已病重，他未及宣布把权力移交亲子知询就已去世。徐温殁后，徐知询与李昪争权失败，从此李昪取代徐温成为南吴的实际掌权人，官衔是太尉中书令，同时出镇金陵。

后来，在李昪的胁迫之下，吴国皇帝先封他为大元帅，接着又封他作齐王，改名徐诰。过了几年，李昪就要求吴帝禅位，国号为齐，尊奉禅让帝位给他的吴帝为高尚思玄弘古让皇帝，自称受禅老臣诰，又追尊徐温为太祖武皇帝。三年后，李昪授意群臣分批上书，说陛下是李唐的后人，系李姓而非徐姓，宜改国号为唐。李昪当然要表示推辞，几次乔张致，把里子面子都做足，这才恢复本名为李昪，国号改为唐，史称南唐。

在中国历史上，要获得政权只有两种方式，一是革命造反，一是谋朝篡位。传统儒家一般对谋朝篡位大加鞭挞，却称颂成功的造反是“汤武革命”“周武王诛一独夫纣”，何以如此？原来，儒家认为革命造反，起因是君王无道，不再拥有天子之德，反而成了残虐百姓的独夫，革命者是顺天应人；而谋朝篡位倒往往是因为幸臣先导君主于不道，再取而代之，靠的是阴谋诡诈。但就实际效果而论，谋权篡位对社会生产力的破坏较小，杀人盈野、流血漂杵的情形也较少见。更何况，南吴割据政权的土地人民，本取自唐室，原先就不具有合法性，李昪以唐代吴，倒的确是当时人心所向呢！

李昪对待百姓十分宽厚，继位的中主李璟、后主李煜，都是性情和易的皇帝，这样，南唐在五代十国中经济文化就最为发达。南宋诗人陆游本非史官，却特地去写了一部《南唐书》，借著史来哀挽一个文明高度发达的国家。看待一个政权是不是具备合法性，有一个词叫作“正朔”，陆游是把文化传统视为真正的“正朔”的。再联想到北方蛮族的金国，在宋钦宗靖康二年驱入宋都汴梁，掳去徽、钦二圣，陆游著史的目的，更是呼之欲出。

元代天历年间，有赵世延为《南唐书》写序，感慨李昪系出唐宪宗，经过四代艰难困苦，才有了江淮之地，结果只延祚三十多年，就被宋朝灭掉。他说虽然南唐土地不广，但文物之盛，冠于同时诸国。南唐辅国之臣，虽不及诸葛亮那样的政治才华，但像张延翰、刘仁赡、潘佑、韩熙载、孙忌、徐锴这些人，文才武略，忠节声华，炳耀一时，是不能被掩盖的。当时北方后晋、北汉的皇帝，个个在契丹人面前俯首称臣，反倒是像南唐这样的江淮小国，与契丹平起平坐，互相之间通使不绝，契丹并厚赠骆驼、羊、马之类以千计。高句丽也每年给南唐进贡。可见，契丹和高句丽都承认，南唐才是中原政权的正朔。

所谓中国，并不是血统的概念，而是文化的概念。中国之所以是中国，华夏之所以是华夏，便在于它在文化上高于周边民族，故中国的对义词是四夷，华夏的对义词是夷狄。南唐虽偏据一隅，实是当时中华文明的正统所系。当中主之时，国势渐衰，保大十三年（955）后，北方后周三度入侵，南唐无力抵抗，江北之地全献给后周，并向后周称臣，自去年号，迁都南昌。到后主干脆国破家亡，系身衔璧而为囚徒。文明敌不过野蛮，二主对过往韶光的依恋，对文明沦胥的伤痛，如巴峡哀猿、华阳杜宇，有非同时词人所能想见者。

中主性情非常仁厚。陆游《南唐书》称：

> 元宗多才艺，好读书，便骑善射，在位几二十年，慈仁恭俭，礼贤睦族，爱民字孤，裕然有人君之度。

中主天性恬淡，对权力并不热中，度其初志，本来是要做庐山中的隐士，诗酒风流，只是身承大统，不得不继位罢了。既为李唐苗裔，又负担着恢复祖业的责任，先灭闽国，旋却被吴越夺去大块地盘，先有楚地，又不能禁楚人之叛，两番军事失利，促使中主复其本心，调整国家战略为自保谦守，不再用兵事了。当时有一位大臣，向他进谏说，希望皇上十数年中不要再用兵了，中主的回答意味深长，他道："兵可终生不用。何十数年之有？"

时有歌者王感化，为中主唱歌，唱来唱去就一句"南朝天子爱风流"，中主听后非常感慨，说如果当初陈后主能得人如此进谏，又何至于受"衔璧之辱"呢？古时国君投降，须肉袒自缚，把象征国家政权的玉璧衔在嘴里，所以叫“衔璧之辱”。陈后主在隋兵攻入景阳宫时，准备逃进胭脂井里藏身，谁知身躯太过胖大，卡在井口，上不得，下不得，被隋兵捉住，那可比“衔璧之辱”丢脸多了。中主非不知军事力量的重要性，只是他天性仁慈恬退，不希望人民陷入战争的苦难之中，与陈后主之荒淫无道，迥非同流。这种性情当然不适合做政治家，却使得他没有悬念地成为一位不失赤子之心的词人。

应天长

一钩初月临妆镜，蝉鬓凤钗慵不整。重帘静，层楼迥，惆怅落花风不定。　柳堤芳草径，梦断辘轳金井。昨夜更阑酒醒，春愁过却病。

这首词《全唐诗》《历代诗馀》均收在后主的名下，其实是后主手书的“先皇御制歌词”，宋时这幅手迹尚由晁公留收藏。这首词的主题，不过是描写女子的闺怨，可能受到唐代诗人王昌龄《长信秋词》的影响：“金井梧桐秋叶黄。珠帘不卷夜来霜。熏笼玉枕无颜色，卧听南宫清漏长。”尽管如此，却仍有自己的创造。上片写夜深人静，女主人公感叹春去无情，不能成寐；下片写迷梦中难忘别离时的杨柳堤、芳草路，却因井台上汲水的辘轳声而惊醒。结句的“春愁过却病”，意思是恹恹的春愁比得了病还要难受。“过却”可能是当时的口语，只此一句，全词意境俱新。

浣溪沙

风压轻云贴水飞。乍晴池馆燕争泥。沈郎多病不胜衣。　沙上未闻鸿雁信，竹间时听（tìng）鹧鸪啼。此情惟有落花知。

这首词亦见于《东坡乐府》，王仲闻先生《南唐二主词校订》一书考订为东坡所作。但我以为，此词的气象与东坡不侔，词中有着独特的南唐风致，故此处仍依传统说法，系于中主名下。此词抒写的是春色将阑伤春之绪。上片写春云低重，被风吹着仿佛贴着水面飞动，经过一场春雨，园林池馆都透出晴天的气息，燕子在争着衔泥垒巢。可是韶光将尽，词人就像那瘦损腰围的南朝诗人沈约，多愁多病，身子很虚弱，连身上衣服的重量都难以承受。一个“压”字，一个“争”字，写出的是自然界的不和谐，而这种不和谐，正是作者内心矛盾苦闷的象征。中主是可爱的，他没有把自己当成君主，而是把自己比成一位古代的读书人，这与鞭秦皇、挞汉武的霸主心态，完全异趣。

过片两句“沙上未闻鸿雁信，竹间时听鹧鸪啼”，“鸿雁信”用苏武之典，当年苏武出使匈奴，被流放北海，不辱汉节，一十九年不得归国，汉朝使者知苏武未死，向匈奴讨人，诡言大汉天子在上林苑射落一只大雁，雁足上系有苏武的书信。中主用这个典故当然并不表示他真的在盼望远人的书信，而是隐指对国家前途命运的焦灼等待。对于未来，他无比忧惧，却只能在竹林中听着鹧鸪的鸣叫。结句“此情惟有落花知”情感十分沉重，春尽花落，九十韶光一去不复返，自己的心事也像落花一样无奈而哀婉。所谓的“惟有落花知”，是指只有落花是自己的知己，也只有落花才能明了自己的心事。

摊破浣溪沙

菡萏香销翠叶残。西风愁起绿波间。还与韶光共憔悴，不堪看（kān）。　细雨梦回鸡塞远，小楼吹彻玉笙寒。多少泪珠何限恨，倚阑干。

手卷真珠上玉钩。依前春恨锁重楼。风里落花谁是主，思（sì）悠悠。　青鸟不传云外信，丁香空结雨中愁。回首绿波三峡暮，接天流。

此二首是中主的名作。《摊破浣溪沙》又名《山花子》，算是《浣溪沙》的变格。词的音乐部分有时候会做一些调整，分出添声、歇拍、摊破、减字等变格，《摊破浣溪沙》始自中主，故又名《南唐浣溪沙》。《摊破浣溪沙》是把《浣溪沙》的上下片的第三句，由和婉的七言句法，变作一个七言句和一个三言句，三言句字少语精，表现力就比《浣溪沙》要强很多。

两首名作，自字面意思看，前一首悲秋，第二首伤春，这本是千古文人热衷的题材，只是中主在低回婉转中不失悲壮，故为难能。

试看“菡萏香销翠叶残。西风愁起绿波间”，开笔即已苍茫正大，绿波无垠，枯荷狼藉，而愁心正如这无垠的绿波，漫无涯际。人与韶光一同憔悴，已是伤心不忍言，就像是书法中的提笔，再加以“不堪看”三字，譬如书法中的顿笔，一提一顿，自然真气流行。过片“细雨梦回鸡塞远，小楼吹彻玉笙寒”，由哀怨转为凄婉，是化实为虚之笔，把实在的浓愁转化为凄婉的虚景，给人以想象的空间，这算是作诗填词的一个重要技巧。到结二句则用重拙之笔，反以直露为美。不过直露之笔，设非情感极其浓挚，是很难动人的。

第二首伤春之作，很见天赋，不仅仅是创作技巧的高明。开笔“手卷真珠上玉钩。依前春恨锁重楼”就是天才的杰构。意谓能挂起珍珠帘，却挂不住郁结在心的春恨，堪称兴中有比。兴，是欲说甲事偏先说乙事，比，即以甲事喻乙事，二句欲说春恨难遣，先说手卷真珠，又暗以真珠上玉钩喻“春恨锁重楼”，故意味尤其绵长。“风里落花谁是主”，此句显示词人的无意识。非不知谁是东君之主，实是词人中心摇摇无主，不知国家的前途命运何在。“青鸟不传云外信，丁香空结雨中愁”也是名句，青鸟本为西王母的使者，后喻指爱情之使，丁香开花细小，但繁茂非常，以青鸟、丁香的纤微，映照云外、雨中的苍茫浩瀚，喻指人在难测的命运面前，是何等之渺小，即使生为帝王，又如何能摆脱命运的摆布？一结“回首绿波三峡暮，接天流”，以三峡之水，喻浓愁不断，有一种浩荡奔流的气势，婀娜中见出刚劲，这才是大作家的手段。

王国维特赏“菡萏香销翠叶残。西风愁起绿波间”二句，以为“大有众芳芜秽，美人迟暮之感”。龙榆生先生不同意他的观点，以为中主实有无限感伤，非仅流连光景之作，他说正因中主忍辱含垢，委曲求全，所以才有百折千回之词心。王国维对这两句的解释偏于形而上，是哲学化的理解，相对而言，龙榆生先生的见解更具说服力。

后主是李璟的第六子，本名从嘉，字重光，登帝位后才改名李煜。后主生得两腮丰满，额头开阔，且一目重瞳。重瞳是眼中有两个瞳孔，古代相人以为是帝王异相。但后主初为帝王，终沦降虏，最后竟被宋太宗赐牵机药酒毒死，人生遭际之惨，反不如南唐普通百姓了。

后主的性情，比诸乃父更加柔弱。他天资纯孝，侍奉元宗恪尽子道。李璟崩殂之时，他痛哭伤身，以致虚弱到只能扶着拐杖才能站立。从保大十三年（955）开始，北周三次侵略南唐，南唐经济受到很大破坏，后主嗣位后，专以爱民为急，减轻税负，不随意征调人民服役，宁愿向中原政权俯首称臣，也不启衅用兵，南唐百姓遇到这样旷世难逢的仁德之君，总算过了十五年的安生日子。后主虔心向佛，崇奉沙门，甚至亲自削厕筹给和尚用。（古人如厕不用纸，用竹片刮，名曰厕筹。）他也不怎么吃荤，曾买禽鱼放入山林大泽，谓之放生，后世信佛之人放生，即自后主始。他居心极慈，御史弹劾大臣，过于峻急的，都不做批复，遇有死刑需报皇帝批决，一定是从轻发落，相关部门援法力争，他没法再为死囚开脱才流泪同意死刑。有一次，他从青山打猎回来，心血来潮跑到大理寺去，逐个审问，开释了不少囚犯。大臣韩熙载上疏，说皇帝不该直接干预司法，更不该驾幸监狱之地，应该从皇帝的内库里罚钱三百万给国库。后主虽未听从，但也毫不生气。在他的身上，是见不到一点专制帝王的阴刻凶残的。他的死讯传到江南，不少老百姓跑出家门，到巷子口哭泣着祭奠他。

如果没有外患，李后主大概可算历史上最好的皇帝之一。固然他崇奉沙门，起造寺庙，荒废政事，但相对他带给人民的宽松环境，不过是小节。然而，他不幸面对的是北方虎视眈眈的强权，他的柔弱的性情和糟糕的驭下能力终于酿成了千古悲剧。宋太祖赵匡胤曾说："南唐又有什么罪过？不过我的卧榻之侧，不容旁人鼾睡罢了。"宋太祖的这段话，决定了南唐和后主的命运。

后主本乏为政之才，又不能知人善任，尽起用徒有文才却乏实干经验的人，并在皇宫内苑设置澄心堂，颁行旨意，中书省枢密院反而成了徒有虚名的机构。当宋唐交战之时，他临阵换帅，大臣竟然一无所知。南唐有一举子樊若水，久考不中，遂暗中实测长江江面宽窄、江水深浅，私通宋人。宋军从其议，造浮桥过江，围住金陵，城内百姓惶怖不知何日就死，后主却晏居净居室，听和尚德明、云真、义伦、崇节讲《楞严经》《圆觉经》，用鄱阳隐士周惟简为文馆诗易侍讲学士，延入后苑讲《易经》否卦，厚给赏赐。群臣皆知国家将亡，只有宠臣张洎，尚引征符命，说什么“玄象无变，金汤之固，未易取也。北军旦夕当自引退”。一派胡言，后主尚信以为真。当宋军围城时，竟还开科举取中三十八人。

陆游对李后主非常同情，说他“虽仁爱足以感其遗民，而卒不能保社稷”。历史上像李后主、宋徽宗这样的皇帝，多被历代史家斥为昏君，但我有不同意见。后主、徽宗这样的皇帝，倘若生在国际社会形成文明规则的历史阶段，都不能算是坏皇帝，他们不是错生在帝王之家，而是错生在文明必须和野蛮共存，且没有足够的力量制衡野蛮的时代。

我想起的是摩西·门德尔松的经典论述：“启蒙的滥用削弱道德情感，导致铁石心肠、利己主义、无宗教和无政府主义。文化的滥用产生奢侈、伪善、软弱、迷信和奴役。”后主精于诗词、音律、书法，生活精致，他习惯用两个指头夹住笔悬腕写字，创造了一种独特的书体，又能绘事，是多方面的艺术天才。国灭以后，他的一位宠姬被宋将所获，到了晚上掌灯时，闭眼说受不了烟气，于是换成蜡烛，她说气味更难闻，宋将大奇，说你们南唐宫中就不点蜡烛吗？此女说我们哪里点过蜡烛，都是用大夜明珠照明。惊人的奢侈，却共生着品位高绝的生活情趣，文化的畸形发展，又相伴着难以置信的孱弱愚昧，这并不是文化的错，因为人生的终极，应当就是追求文化，努力过上高雅的生活，只是过度的文化销蚀了人性当中兽性的一面，以至于无法抵抗野蛮。

宋军围城时，徐铉奉命与宋人议和，见宋太祖，说我主有圣人之能，所写《秋月》诗天下传颂，你徒恃武力，我们南唐的人是不会屈服的。宋太祖嘿嘿一笑，道：这是酸秀才写的诗，我是武人，但也有两句诗你听听，“未离海底千山黑，才到天中万国明”！徐铉听了这两句，当即匍匐拜倒，山呼万岁。这个故事见诸宋人陈师道的《后山诗话》。其实宋太祖的诗句并不是真正美好的文字，一切美好的文字，都是靠作者的思想感情、作者的语言技巧和对美的再创造打动人心，宋太祖的这两句诗却是靠强权的隐喻去威慑人。从古以来，人类都崇尚暴力，膜拜强权，却不知唯有美与善良，才有永恒的力量。宋太祖成就了江山一统，李后主却如北极星一样端拱天中，成为词中的帝王（the king of lyricists）。

后主降宋后，被封为违命侯，他的人生也就分作前后两截。降宋前，他的生活优渥，也不怎么关心国事，但其时形势迫人，他并非草木无知，自然时生忧惧。这种忧惧感不同于士大夫的忧患意识，却是一心想超离尘世，求得隐逸安稳的幽微情绪。这样，他早期的词作尽管不如后期作品那样，激荡着沛然广大的悲剧情怀，却有一种低回婉约的情致。

渔　父

浪花有意千里雪，桃花无言一队春。一壶酒，一竿身。快活如侬有几人。

一棹春风一叶舟。一纶茧缕一轻钩。花满渚，酒盈瓯。万顷波中得自由。

这两首词，是后主为画师卫贤《春江钓叟图》所作的题画之作。我读来丝毫不觉有“快活如侬有几人”（“侬”即是我）的得意，作者内心的幽寂苦闷溢于言表。他所向往的快活、自由，都需要脱身九五，深隐山水之间，他无力担荷整个国家的前途命运，因此他想远遁，想幽居，但他的命运是一早就注定了的。

捣练子

深院静，小庭空。断续寒砧断续风。无奈夜长人不寐，数声和月到帘栊。

云鬟乱，晚妆残。带恨眉儿远岫攒。斜托香腮春笋嫩，为谁和泪倚阑干。

捣练即捣衣，是把衣物置在砧石上，用木槌捶打，以求柔软熨帖。李白诗“长安一片月，万户捣衣声”，杜甫诗“用尽闺中力，君听空外音”，都借捣衣写了同样的主题：丈夫出征远戍，妻子在家相思不已。“捣衣”这一文学母题，是对这些女子的人道主义同情。后主的《捣练子》（“子”的意思是小曲），依然是唐代这一著名的文学母题，大概是平时作来用于宴会之上侑酒的，但因为他以赤子之心待人，以赤子之眼视世，他的同情也就特别赤忱。

长相思

一重山。两重山。山远天高烟水寒。相思枫叶丹。
菊花开，菊花残。塞雁高飞人未还。一帘风月闲。

清平乐

别来春半。触目愁肠断。砌下落梅如雪乱。拂了一身还满。　雁来音信无凭。路遥归梦难成。离恨恰如春草，更行更远还生。

后主特重兄弟情分，他的弟弟李从善入宋为质，后主时常想念到流泪。这两首词，或皆为思弟之作。后主词有一特点，或者说从中主开始，他们父子二人的词有一共同特点，就是婉约中寓着一种豪宕潇洒的气息。后主比中主更甚，他的用词往往更口语化，不事渲染而声色俱足。

后主入宋后，宋太祖对他尚算优容，但自宋太宗继位，情形大变。太宗对后主十分猜忌，又垂涎小周后，召她入宫横加污辱，宋人笔记曾载："李国主小周后，随后主归朝，封郑国夫人，例随命妇入宫，每一入辄数日，而出必大泣，骂后主，声闻于外，后主多婉转避之。"他日夕以泪洗面，只有他的词作，慰藉着这颗绝望的心。但后主最终还是难逃一死，他本生于七夕，在四十二岁生日时，被赐牵机药毒酒，死得极其痛苦。初入宋时，后主的心情抑郁中带着麻木，但到生命最后几年，越来越奔泻无余，悲剧意态也达到了顶峰。

锦堂春

昨夜风兼雨，帘帏飒飒秋声。烛残漏滴频欹枕，起坐不能平。 世事漫随流水，算来一梦浮生。醉乡路稳宜频到，此外不堪行。

上片初经亡国，仍希保全性命，虽抑塞不平，还想着麻醉自己，好偷生苟且。下片语拙而情浓，"醉乡路稳宜频到，此外不堪行"数语，人人心中所有，人人笔下所无。

他不由得缅怀从前的美好生活：

多少恨，昨夜梦魂中。还似旧时游上苑，车如流水马如龙。花月正春风。

多少泪，沾袖复横颐。心事莫将和泪滴，凤笙休向月明吹。肠断更何疑。

闲梦远，南国正芳春。船上管弦江面绿，满城飞絮混轻尘。愁杀看花人。

闲梦远，南国正清秋。千里江山寒色暮，芦花深处泊孤舟。笛在月明楼。

四首《忆江南》，意思很浅，但写得清峭中不失和雅，他的情感，仍是要靠意内言外的风格来稍作掩饰，尚有些欲说还休，在这个时候，他的痛苦显然还未臻极致。但随着欺侮的日益加深，后主词中的故国之情，愈来愈少顾忌。

破阵子

四十年来家国，三千里地山河。凤阙龙楼连霄汉，玉树琼枝作烟萝。几曾识干戈。　一旦归为臣虏，沈腰潘鬓销磨。最是苍黄辞庙日，教坊独奏别离歌。垂泪对宫娥。

这首词不是初被掳时所作，而是入宋既久，凌侮日深，对往昔的追怀和痛悔。苏轼批评后主说，亡国之日，应该痛哭于九庙之前，怎么还能垂泪对宫娥？苏轼本来也是词人，他实在不该问出这样政治正确的废话。倘若后主不是性情柔弱到对着宫娥垂泪，未必至于亡国。而且当天地苍黄翻覆之际，垂泪对宫娥才更加动人，这是艺术对比的魅力。

相见欢

林花谢了春红。太匆匆。无奈朝来寒雨晚来风。

胭脂泪，相留醉，几时重。自是人生长恨水长东。

无言独上西楼。月如钩。寂寞梧桐深院锁清秋。

剪不断，理还乱，是离愁。别是一般滋味在心头。

第一首，情感一泄无余，“自是人生长恨水长东”，意谓亘古以来，直到永远，水都是向东奔流，天地不改，山河无极，人生的愁苦也就没有终结。第二首，在痛苦中多了一丝恐惧、一丝抑郁，“别是一般滋味”，是对上苍的痛苦追问：这种痛苦，何时是一个了结？这种含而不露的写法，对比上一首的雄直，各有各的动人。

浪淘沙

帘外雨潺潺。春意阑珊。罗衾不耐五更寒。梦里不知身是客，一晌贪欢。　独自莫凭阑。无限江山。别时容易见时难。流水落花春去也，天上人间。

到了这首词，后主情感的发抒已近肆无忌惮。“流水落花春去也，天上人间”是千古名句，说的是无论时光怎样流转，不管天地如何阔大、人间怎样繁华，他的愁苦都无地安放。这种悲剧情怀，是面对命运的骄傲和冷嘲，他在承受苦难中完成了自我救赎。

后主之死，与他一生最重要的一首作品《虞美人》密切相关。宋太宗读到“雕栏玉砌应犹在，只是朱颜改”“问君能有几多愁，恰似一江春水向东流”时，终于动了杀机。然而，我以为这一切早已在后主的意料中。他必然早已知道，如此没有顾忌地填词寄怨，只能给自己招来杀身之祸。这是一条自我毁灭的道路，面对宋太宗的凌侮，他用词人的独特方式选择了死亡。死，对于他不仅是痛苦的解脱，更是高贵面对卑贱、文明面对野蛮而从未屈服的明证。

戚氏凄凉一曲终

说柳三变

雅与俗本非绝对相反，而更多的是共生共荣的关系。俗，能为雅增添生命力；雅，能提升俗的品格。俗而能雅，比单纯的雅要难得多，更不是单纯的俗所能望其项背的。我师张卫东先生常言：『要俗得那么雅，不要雅得那么俗。』三变的词作，堪称俗得那么雅的典范。

楊柳岸曉風残月
尘 乙未夏於京

戚氏凄凉一曲终

——说柳三变

宋初词坛，作风渐变，由花间小令的一统天下，衍至以长调为主，气象为之一新。令词短制，一变而为铺陈摛藻的长调，使得本来只适合片段式、跳跃式叙事的词，也能铺叙张皇。这就像画坛上本来都是些山水小品，忽然有人开始作数十尺的长卷，表现力当然大有不同。这一转变主要由两位词人完成，一是张先，一是柳永，二人中柳永的贡献更大，影响也更深远。

柳永本名柳三变，字耆卿，福建崇安人，有《乐章集》。南宋文献学家、藏书家陈振孙认为其词格并不高，不过是音律谐婉，语意妥帖，把真宗、仁宗两朝的太平气象写得淋漓尽致，且因他擅长写行路旅人、江湖漂泊无依之辈的感慨和心情，所以影响力巨大。与对其词作的有弹有赞不同，陈振孙认为其人殊不足道。因为按照正统儒家的观点，人生应该追求三不朽事业，太上立德、其次立功、其次立言，三变无一可立，当然不能算是上等的人品。

陈振孙的观点代表了当时士大夫对三变的普遍见解，

但近千年来，却有无数人被三变的词作打动，他也因那些燃烧生命积烬而成的词作进入了永恒。

三变若生于今日，会比林夕、方文山更有影响力，当代词家中能与之相提并论的，大概只有黄霑。可是，他生活的时代，只有“学成文武艺，货卖帝王家”才是唯一的正途。偏偏这是一条不适合他走的道路，这就注定了他一生的痛苦矛盾。

三变过了五十岁才考中进士，步入宦途又偃蹇多故，只好改名柳永，才得磨勘改官。宋仁宗本身雅好文学，但他要求文学必须符合主旋律，也就是正统儒家的意识形态，十分反感浮艳虚薄的文字。三变年轻时常流连于秦楼楚馆，跟很多妓女建立起深厚的友谊，作了很多在正统儒士看来是淫冶下流的词曲。他的《鹤冲天》词中有两句：“忍把浮名，换了浅斟低唱。”意思是中进士做官不过是浮名，还不如喝着酒唱着小曲来得潇洒。那一年他参加进士试，本已取中，但宋仁宗见取中的进士中有他，当即在卷子上批示：“且去浅斟低唱，何要浮名？”所以他过了好多年，一直到景祐元年恩科，才重又进士及第。以后又因为填词忤旨，虽然磨勘（考核）及格，但久不得改官。

这首《鹤冲天》的原词是：

黄金榜上。偶失龙头望。明代暂遗贤，如何向。未遂风云便，争不恣狂荡。何须论（lún）得丧。才子词人，自是白衣卿相。　烟花巷陌，依约丹青屏障。幸有意中人，堪寻访。且恁偎红翠，风流事、平生畅。青春都一饷。忍把浮名，换了浅斟低唱。

词或是他上一次科场失利后所作。这首词体现出的情感，不是古典的，而是现代的，要是忽略掉这首词创作的时代，它其实就是追求肉体解放、心灵自由的现代作品。“才子词人，自是白衣卿相”一句虽然直白，但背后的精神非常了不起。唐代对衣服品级有着很严格的规定，举子只能穿白色苎麻衣，这种衣料多洗几次就会变成褐色，中了进士后赴吏部选官，就可以脱下白麻衣换成绯红色的官服，叫作“释褐”。所谓白衣卿相，即是说没有功名在身，却敢于笑傲卿相的人。当时天下读书举子都把功名利禄当作人生的唯一目标，三变却敢于保持自己的自由思想、独立精神，这种词格，还能说不高吗？得了皇帝的“御批”之后，他更加狂放恣肆，自称“奉旨填词柳三变”。他的心底，本就有几分对权势的傲兀，经此打击，更逗起狂奴故态，他索性脱屣庙堂，甘愿在江湖沦落，并在江湖上建立起绝大的声名。庙堂里的老爷们鄙视他、嘲笑他，却在歌筵酒会上点他的新词。秦楼楚馆里的妓女真诚地喜爱他、仰慕他，以得到他的新词为荣。

但他毕竟傲兀得不够彻底，又或者是江湖苦况到了忍受不下去的那一天，终于在景祐元年，三变还是考中了进士。这一年，一直摄政的太后去世了，仁宗既得亲政，遂决定开恩科，不但扩大进士及其他科目的名额，而且还觅遗钿于洛浦，访旧佩于汉皋，录野取遗，特别优待下列几种人：曾考过五次进士，且年龄过了五十的；考其他科目六次以上且年过六十的；参加过殿试未中，已考过三次进士或者五次其他科目的；宋真宗时参加过殿试未中的，都直接给赐进士出身，是为“特奏名”。三变在这一年，成为一名“特奏名”的进士，这时他已过五十岁了。

三变步入仕途后依然坎坷重重。宋制，文官分作选人与京朝官两大层次，选人只相当于今天的科员，京朝官才是真正的干部。京朝官又分京官与朝官，京官是秘书郎以下未常参者，常参者才叫朝官。由选人升京朝官，叫作改官，从京官到朝官，叫作转官。无论是改官还是转官，都要经磨勘制度考核。三变一生未得任朝官，即使是由选人升京官，也殊不顺利。

选人要升京官，若照景祐二年前的制度，其实并不十分艰难。当时只要有两员上级推荐，即得为令，为令无过谴，升职事官，任上又无过谴，遂得改京官，相当于两员举荐人保了被举荐人三任。时有御史王端，奏称此举易滋庸碌之辈幸进，朝廷接受了他的建议，改为每一任都须有新人推荐，才得升迁，否则就只能在原来的位置待下去。同时，改革后的人事制度还为举荐人增设了更多的限制，愈加精密但也愈加死板。三变任睦州团练推官，到任不到一个月，知州吕蔚就推荐他，马上被侍御史知杂（官名）郭劝参奏一本，说三变到任未及一月，能有什么工作成绩，吕蔚推荐三变，必涉徇私。朝廷得此奏，宣布选人必须要经过考试合格，才得升任，皇帝还亲自下诏：作为选人，必须要考六次才能升为京官，如果中间犯了一些过失，还要再加一考。又规定知杂、御史、观察使以上的官员，每年举荐选人不得超过两名。这样，三变就只能在选人的位置上三任六考，足足做满九年。

历览中国各朝各代，凡是强盛的、充满创造力的时代，一定是人治与法治相调和，有相当程度自由的时代。全靠一个人或少数人说了算的彻底的人治，当然会造成民族的极大灾难；但一切遵行法度，往往会伏下未来衰落的祸根，却非浅人所知了。友人王欣先生云：硬指标产生潜规则。这话设非对体制弊端有深刻洞见，是绝对说不出来的。不讲人治、只讲法治的社会，看似公平，实则只是对平庸之徒公平，真正的人才很难在这个体制下得到上升的机会。因为两千年前的商鞅早就说过："有高人之行者，固见非于世，有独知之虑者，必见敖于民。"人才之所以是人才，就因为他们不守常轨，具有创造性思维，而世间凡具创造性思维的人，就没有一个是安分的。苛严的体制，会吸引大量的平庸之徒钻研规则，以求幸进，而真正的人才，是不屑敛才就范的。这就是在全世界所有政府，都很难见到第一流人才的秘密。只有在乱世或变革之世，既有的规则被打破，政府体制才可能吸纳到第一流的人才。

仁宗以前，选人改京官的年限规定，执行得并不严格，选人初任，即被上司赏识推荐，所在多有。须知古人七十岁致仕（退休，"致"是归还的意思），除非少年即擢巍第，否则要经三任六考，人生能有几个九年呢？这种磨勘制度，磨掉的是初入仕途者的锋芒与个性，朝政也会因之死气沉沉，社会也就难得进步。景祐二年，吕蔚想推荐三变破格升京官，本来符合朝廷惯例，仁宗皇帝竟专诏不许，并就此严格了选人改京官的制度。仁宗对三变的偏见，不仅让三变沉沦下僚多年，更确立了逆淘汰的遴选人才的机制。

三变的狂者心性使得他终身无法适应守成审慎的体制，这就是他的命运。庆历三年，三变年限已足九年，磨勘也及格，按理应该改官了，但吏部就是不下文，三变只好找宰相晏殊诉冤。晏殊也是著名词人，见面却问："贤俊作曲子么？"三变以为仍因《鹤冲天》一事，心想词人何苦为难词人，于是反诘道："只如相公亦作曲子。"晏殊从容回答："我晏殊虽然填词，可没写过'针线慵拈伴伊坐'。"潜台词是，这样的句子品格太低。柳永无言以对，只好告退了。

但实际上吏部不放三变改官，不是因为他写这类士大夫眼中的淫词亵曲，而是因他的《醉蓬莱》词得罪了皇帝，而这件事恰恰是不能拿到台面上说的。

三变的词曲，雅俗共赏，传播至广，甚至仁宗皇帝每次饮酒，都让教坊官妓唱柳词。三变知道这件事后，认为自己的机会来了，于是托人找到宫中的太监，请为美言。这一年老人星现于天上，太史奏为祥瑞之兆，时当秋清气朗，宋仁宗在后宫摆宴庆贺，提出需要应景的新词，身边太监已得三变之嘱，当然一力举荐，加之仁宗也确实喜欢三变的词，就同意让三变一试。三变得诏，不敢怠慢，当即细细制了一篇《醉蓬莱》，词曰：

> 渐亭皋叶下，陇首云飞，素秋新霁。华阙中天，锁葱葱佳气。嫩菊黄深，拒霜红浅，近宝阶香砌。玉宇无尘，金茎有露，碧天如水。　正值升平，万几（jī）多暇（xià），夜色澄鲜，漏声迢递。南极星中，有老人呈瑞。此际宸游，凤辇何处，度管弦声脆。太液波翻，披香帘卷，月明风细。

这首词只用了一个典故：金茎。汉武帝好神仙，于宫门前立铜柱十二，号曰金茎，上有铜人捧露盘，承接天上的露水，方士言这种露水和着金泥玉屑，服后可致长生。用这个典故，紧扣老人星亦即寿星的主题，十分熨帖。整首词咏皇家气象，也非常淡雅清新。谁知人主之喜怒，有出于臣子望外者。此词呈上，仁宗一看第一个字是“渐”字，心中先自不悦。或许是因为成语有防微杜渐、渐不可长，“渐”指不好的苗头，不是一个褒义词。再读到“此际宸游，凤辇何处”，恰好跟仁宗御制哀挽真宗的诗构思暗合，仁宗马上就念及先皇，心中很是难受。又读至“太液波翻”一句，更觉太不吉利，太液池是宫中池沼，用“翻”字，恐怕要成国家倾覆的谶纬。这时皇帝终于发作，把柳词投掷于地，道：“何不用波澄？”至此宫中不复再歌柳词。仁宗尚不罢休，正巧三变得吕蔚荐应当改官，特出诏申明制度必须严格，以堵住三变改官之路。三变找宰相晏殊申诉，别说晏殊本无回护之意，就算有意成全，也无法跟王命相抗。三变无法可施，最后只好更名柳永，终于才在庆历三年五月，趁着范仲淹庆历新政的东风，方得改官，一直做到屯田员外郎。这时他已是六十上下的老人了。所谓员外郎，就是定员以外候补之意，他的一生都被权力边缘化，没有青云得意的辰光。

三变何以写"波翻"不写"波澄"呢？一是前文已有"夜色澄鲜"，要避重字，其二，更重要的是三变深谙乐理，他懂得字的四声要跟音乐的旋律相配合，"澄"是一个阳平字，"翻"是一个阴平字，可能跟音乐更加符合一些。

民间传说，三变一生流连于秦楼楚馆，死时无钱营葬，是由妓女出资安葬他的。又说每岁清明，妓女到郊外踏青，都到他的墓茔前凭吊，并组成一个雅集，号称"吊柳会"。实则此二事皆是后人捏造，并无实事。三变死在润州（今江苏镇江），死时身边没有儿女，棺木放在一所僧庙里，是润州太守王平甫出钱安葬了他，墓址是在真州（今江苏仪征）县西一个叫仙人掌的地方。清代诗人王渔洋《真州绝句》有云："残月晓风仙掌路，何人为吊柳屯田。"三变生时虽极失意，但在千古诗家心中，他是一位管领风月的性情中人，更不必说他的词在当时的影响力，没有第二人能及。

有人说，三变的《乐章集》虽被人称道，但无非是羁旅穷愁之词、闺门淫媟之语，比诸欧阳修、苏轼、黄庭坚、张先、秦观这些人，相差辽远。又云其所以传名，只是因为他语多近俗，下层市井人士易解易晓罢了。（《艺苑雌黄》）这人不懂得，雅与俗本非绝对相反，而更多的是共生共荣的关系。俗，能为雅增添生命力；雅，能提升俗的品格。俗而能雅，比单纯的雅要难得多，更不是单纯的俗所能望其项背的。我师张卫东先生常言："要俗得那么雅，不要雅得那么俗。"三变的词作，堪称俗得那么雅的典范。

女词人李清照也看不上三变的词，她不忿三变的《乐章集》"大得声，称于世"，认为柳词"虽协音律，而词语尘下"。"苏门四学士"之一的晁无咎，看法就公允了许多："世言柳耆卿曲俗，非也。如《八声甘州》云：'渐霜风凄紧，关河冷落，残照当楼。'此真唐人语，不减高处矣。"

柳词的特质正在俗中见雅，故往往一篇既出，天下传唱。范仲淹谪贬睦州，经富春江严陵祠下，正好遇上当地人岁时祭祀，巫女迎神，唱的竟是三变的《满江红》词："桐江好，烟漠漠。波似染，山如削。绕严陵滩畔，鹭飞鱼跃。"又据时人记载，大帅韩维酒后也喜欢吟咏柳词，此人对另一位词人晏几道十分刻薄，但由他喜爱柳词这一点来看，也非全无识见。

三变更在他活着时就取得国际影响力，这在中国古代作家中堪称独一无二。时有外交官从西夏回来，说西夏国凡是有井水的地方，就有人唱柳词。而柳词更引发一场战争，尤令人感慨历史的不可思议。

当时已是南宋了。北方大金国皇帝完颜亮，在宫中听李贵儿唱三变咏钱塘景致的《望海潮》，以为神仙境界，尤其是这两句——有三秋桂子，十里荷花，更觉心痒难搔。臣下又从旁怂恿，说江南一地，以木樨花为柴火，又有扬州琼花、镇江金山、苏州平江、杭州西湖诸般美景，皆为天下之美，金主闻而大喜，遂兴提兵百万、立马吴山（杭州城内山名）之志。谁知金国后院起火，完颜雍在后方称帝，完颜亮也在采石矶被宋将虞允文打得大败，最后死于叛军之手。这首《望海潮》词，是三变为旧日同窗、时为钱塘大帅的孙何所作，全词是：

东南形胜，三吴都会，钱塘自古繁华。烟柳画桥，风帘翠幕，参差十万人家。云树绕堤沙。怒涛卷霜雪，天堑无涯。市列珠玑，户盈罗绮竞豪奢。重湖叠巘清嘉。有三秋桂子，十里荷花。羌管弄晴，菱歌泛夜，嬉嬉钓叟莲娃。千骑拥高牙。乘醉听箫鼓，吟赏烟霞。异日图将好景，归去凤池夸。

整首词只是铺陈杭州城的繁华景致，思想情感都甚为苍白，算不得一等一的词作，但竟令金主身死名灭，这是三变当日万万想不到的。南宋诗人谢处厚有诗云：

谁把杭州曲子讴。荷花十里桂三秋。那（nuó）

知卉木无情物，牵动长江万里愁。

即咏这一段史事。后来梁羽生写武侠小说《萍踪侠影录》，书中主人公张丹枫就吟诵过这首诗。

历代词选，多会选这首《望海潮》，原因就是它背后的本事值得大书特书。但柳词的真正佳处，还是在写羁途旅况、别绪愁怀。这些情感本是当时市井之人共通的情感，但三变的很多作品，都是因为他本有此经历，能有感而发，才尤其感人。

雨霖铃·秋别

寒蝉凄切。对长亭晚，骤雨初歇。都门帐饮无绪，方留恋处，兰舟催发。执手相看泪眼，竟无语凝噎。念去去、千里烟波，暮霭沉沉楚天阔。　多情自古伤离别。更那（nuó）堪、冷落清秋节。今宵酒醒何处，杨柳岸、晓风残月。此去经年，应是良辰好景虚设。便纵有、千种风情，更与何人说。

《雨霖铃》的音乐非常凄苦，是由唐明皇作来怀念在马嵬坡被赐死的贵妃杨玉环的。这支曲子最好用哑觱篥吹奏，才更见苍凉。全词仿照的是近体诗起承转合的结构。上片“寒蝉凄切。对长亭晚，骤雨初歇”三句是起，“都门帐饮无绪，方留恋处，兰舟催发”是承，“执手相看泪眼，竟无语凝噎”是转，“念去去、千里烟波，暮霭沉沉楚天阔”是合。“念去去”三句，把看不见、摸不着，只能由感觉得之的别离之绪，转化为历历如绘的意象画面，这种手法是由实返虚的高明之笔。

下片“多情自古伤离别。更那堪、冷落清秋节”二句为起，但这是平地陡起，作者不局限于一人的怨别伤离，而是陡地拔高，说明自古钟情之辈，莫不伤于离别，更何况老天爷还来助兴，时当清秋时节，落木萧萧，这就容易引起读者的情感共鸣。“今宵酒醒何处，杨柳岸、晓风残月”是三变的千古绝唱。古龙楚留香系列之《桃花传奇》中，有这样一段描写：

杨柳岸。

月光轻柔。

张洁洁挽着楚留香的手，漫步在长而直的堤岸上。

轻涛拍打着长堤，轻得就好像张洁洁的发丝。

她解开了束发的缎带，让晚风吹乱她的头发，吻在楚留香面颊上，脖子上。

发丝轻柔，轻得就像是堤下的浪涛。

苍穹清洁，只有明月，没有别的。

楚留香心里也没有别的，只有一点轻轻的、淡淡的、甜甜的惆怅。

人只有在自己感觉最幸福的时候，才会有这种奇异的惆怅。

这又是为了什么呢？

张洁洁忽然道：“你知不知道我最喜欢的一句词是什么？”

楚留香道：“你说。”

张洁洁道：“你猜？”

楚留香抬起头，柳丝正在风中轻舞，月色苍白，长堤苍白。

轻涛拍奏如乐曲。

楚留香情不自禁，曼声低吟。

“今宵酒醒何处，杨柳岸、晓风残月。”

张洁洁的手忽然握紧，人也倚在他肩边。

她没有说什么。她什么都不必再说。

两个人若是心意相通，又何必再说别的？

“今宵酒醒何处，杨柳岸、晓风残月。”

这是何等意境？何等洒脱？又是多么凄凉？多么寂寞！

楚留香认得过很多女孩子，他爱过她们，也了解过她们。

但也不知为了什么，他只有和张洁洁在一起的时候，才能真正领略到这种意境的滋味。

一个人和自己最知心的人相处时，往往也会感觉到有种凄凉的寂寞。

但那并不是真正的凄凉，真正的寂寞。

那只不过是对人生的一种奇异感觉，一个人只有在已领受到最美境界时，才会有这种感受。

那种意境也正和“念天地之悠悠，独怆然而泪下”相同。

那不是悲哀，不是寂寞。

那只是美！

美得令人魂销，美得令人意消。

一个人若从未领略过这种意境，他的人生才真正是寂寞。

长堤已尽。

那种与爱人别离的惆怅与忧惧，三变写了出来，但过了九百多年，才有一个同为江湖浪子诗人气质的小说家懂得。虽然九百多年中有无数的人在吟咏这几句，但只有古龙真正地懂得那种美得让人心碎的况味。

“此去经年，应是良辰好景虚设”又是一转，到结句“便纵有、千种风情，更与何人说”，作为绾合，这种感情是炽热的，也是沉郁的。相比上片结句由实返虚的高明技巧，下片结句不炫技法，只是以情动人的手法，更加沉着，更加动人。

八声甘州

对潇潇暮雨洒江天，一番洗清秋。渐霜风凄紧，关河冷落，残照当楼。是处红衰绿减，苒苒物华休。惟有长江水，无语东流。　不忍登高临远，望故乡渺邈，归思（sì）难收。叹年来踪迹，何事苦淹留。想佳人、妆楼颙望，误几回、天际识归舟。争知我、倚栏干处，正恁凝愁。

这首词在婉约中寓着豪宕之气，上片一气贯注，实在是凌云健笔，气概非凡。从写作手法上说，上片是纯粹写景的赋笔，铺陈其事，写得像一幅浩渺的泼墨山水画卷。当然，他描写的是晚秋衰败之景，色彩的调配偏于暗淡、凄冷，自然烘托下片的情致。自过片开始抒情，同样也是一气贯注。这种结构，是简朴的折线型，与诗中的古风结构相似。因此，相对一般的婉约词作，这首词要劲直得多。

前人对这首词评价好坏杂陈，普遍的看法都认为上片写得非常好，但是到了“想佳人、妆楼颙望，误几回、天际识归舟”的时候就有些浅俗了。其实一首词通过写景含蓄婉曲地表达情感，是较为清空的写法，而清空必须有情感做底，方不是空疏，如果全词都是像上片一样赋笔写景，那就是空洞而不是清空了。

满江红

暮雨初收，长川静、征帆夜落。临岛屿、蓼烟疏淡，苇风萧索。几许渔人飞短艇，尽将灯火归村落。遣行客、当此念回程，伤漂泊。　桐江好，烟漠漠。波似染，山如削。绕严陵滩畔，鹭飞鱼跃。游宦区区成底事，平生况有云泉约。归去来、一曲仲宣吟，从军乐。

这首词表面豪放，实则内心沉郁。词为游富春江（桐江）所作，词的上片，作者先淡笔轻描富春江上秋清人寂的暮色，而结以“遣行客、当此念回程，伤漂泊”二句，一下子就让前面的写景都有了着落，原来这样清寂的景致，只增行客的凄怆之怀，他在江湖上漂泊，不知何日是个了结。过片及下两句的写景也绝非闲笔。严陵即严子陵，本为汉光武帝刘秀做太学生时的同学。他不肯攀龙求富贵，宁愿在富春江上钓鱼，是一位千古知名的高士。今富春江上，尚有严子陵垂钓台，台下有七里长滩，号曰七里泷，风光幽绝。“严陵滩畔，鹭飞鱼跃”，隐喻着逃脱尘网，放下功名富贵后的天机流行、生机盎然。然而，词人仍是放不下，逃不脱，纵然平生与山泉白云有偕隐之约，还是不能忘情这爱恨交加的功名之路。这是他无法抗拒自己命运的哀叹。最后，他感慨自己何不像三国时的王粲（字仲宣），能在乱世中随军参谋，一展才华。

这首词正是范仲淹听到巫人唱的那一首。我以为，三变在这首词中，已经有了对自己生平的反思，他在默默地向上苍诘问，为什么这个体制对他如此不公？难道真的只有投笔从戎，才是他的出路吗？词的文字，看似豪放，他的情感，却是极其苍凉抑郁的。

戚　氏

晚秋天。一霎微雨洒庭轩。槛菊萧疏，井梧零乱，惹残烟。凄然。望乡关。飞云黯淡夕阳间。当时宋玉悲感，向此临水与登山。远道迢递，行人凄楚，倦听陇水潺湲。正蝉吟败叶，蛩响衰草，相应喧喧。　孤馆度日如年。风露渐变，悄悄至更阑。长天静、绛河清浅，皓月婵娟。思绵绵。夜永对景那堪。屈指暗想从前。未名未禄，绮陌红楼，往往经岁迁延。　帝里风光好，当年少日，暮宴朝欢。况有狂朋怪侣，遇当歌、对酒竞留连。别来迅景如梭，旧游似梦，烟水程何限。念利名、憔悴长萦绊。追往事、空惨愁颜。漏箭移、稍觉轻寒。听呜咽、画角数声残。对闲窗畔，停灯向晓，抱影无眠。

这是一首三叠词。词中篇制最长的是四叠的《莺啼序》，其次就是《戚氏》这个牌子了。词牌名“戚氏”，其音乐应该是表现汉高祖的宠姬戚姬，在高祖死后被吕后制为“人彘”的凄惨故事。三变就用这样凄惨的调子，对自己的一生做了总结。首叠以战国时的辞赋家、中国悲秋文学的老祖宗宋玉自况，先写晚秋凄恻之景，为下文起兴。中叠以今日旅况之幽寂无聊，追想当年未名未禄时走马章台的潇洒，这一段切勿轻轻看过。其实，人在痛苦无聊之时，回想起往昔的欢乐，决计不会冲淡痛苦，也决计感受不到欢乐带来的甜蜜，只会觉得那些日子都是虚掷掉的、浪费掉的。如果再有重新开始的机会，宁愿不曾有过那些欢乐的记忆。三叠的过片，先承上写往昔之欢，那是他对少年荒唐岁月的追悔痛恨，绝非对旧日欢娱的怀念。这才有“追往事、空惨愁颜”的感慨。表面上，他埋怨名缰利锁，让他不得自由，实则他真正痛悔的，是他不受羁绊的性格，让他求仕、仕途都充满屈辱绝望。

南宋王灼《碧鸡漫志》卷二记：“前辈云：《离骚》寂寞千年后，《戚氏》凄凉一曲终。”这位前辈不知是谁，但他真堪称三变的知己！他显然读出，《戚氏》是三变对自己人生的痛悔和总结，也是他对一个崇尚乡愿的民族，绝不肯给狂狷者一点机会的悲剧的总结。潘光旦先生说，一个民族要想很好地发展，一定要多些狂者和狷者，这样的民族才有创造力。可是，我们这个民族最擅长的，就是把乡愿当成中庸，并以之打压狂者、狷者的发展。三变是一位痛苦矛盾的狂者，他的人生悲剧，折射的是一个民族的无情。

欲将沉醉换悲凉

说晏小山

小山完全没有学得乃父做官的本领，反倒成为当时权贵名流眼中的异类。他的词不同于晏殊的华贵矜持，而是高贵中透出兀傲倔强，宣告着与这个污浊的世界决不妥协的决心。

彩袖殷勤捧玉鍾
當年拚却醉顏紅
舞低楊柳樓心月
歌盡桃花扇底風
從別後
憶相逢
幾回魂夢與君同
今宵剩把銀釭照
猶恐相逢是夢中

尘乙未秋

欲将沉醉换悲凉

——说晏小山

每一个文学爱好者，都会在心里为他熟知的文学家排一排座次，掂一掂谁是状元，谁是榜眼探花。有时候，这种排位只体现评论者的个人喜好，他在说“某某是最了不起的大诗人”时，其实意思是“某某是我最喜爱的大诗人”。但如果评论者本身也是行家作手，他的排位就绝不可等闲视之，体现出的实是他的文学观。传统词论家都是词人，他们的意见当然值得重视。对历代词话做一粗略统计，对北宋词人的排位大致分作两派，一派推崇周邦彦，一派则推崇苏轼。

周邦彦字美成，号清真居士，词集名《片玉集》，又称《清真集》。陈振孙《直斋书录解题》评价其集：

> 多用唐人诗语，檃栝入律，浑然天成。长调尤善铺叙，富艳精工，词人之甲乙也。

这是从作词的技巧上推崇清真。

陈郁的《藏一话腴》则称：

> 二百年来，以乐府独步。贵人学士，市儇妓女，知美成词为可爱。

这是自清真词的传播之广、受众之博而立论。

刘肃为陈元龙集注本《片玉集》作序，对清真同样推崇备至：

> 周美成以旁搜远绍之才，寄情长短句，缜密典丽，流风可仰。其征辞引类，推古夸今，或借字用意，言言皆有来历，真足冠冕词林，欢筵歌席，率知崇爱。

旁搜远绍，“旁搜”是指他擅长用典故，“远绍”则是说他擅于继承唐人的诗风。说他“征辞引类，推古夸今，或借字用意，言言皆有来历”，这简直是把清真比作江西派的诗人。这是针对他的语言风格典雅近诗，以及以学问为词的特点而言。

宋元之际，沈义父作《乐府指迷》，这是一部教人填词的著作，说：

> 凡作词当以清真为主。盖清真最为知音，且无一点市井气，下字运意，皆有法度，往往自唐、宋诸贤诗

句中来，而不用经、史中生硬字面，此所以为冠绝也。

同样是讲清真的风格典雅，语言醇正。

同时尹焕作《梦窗词序》，则直截了当地说：

求词于吾宋，前有清真，后有梦窗。此非焕之言，四海之公言也。

但对清真推崇到无以复加的地步的，竟然是早年非常不喜欢清真，称清真方诸秦少游，有娼妓与良家之别的王国维。王国维晚年作《清真先生遗事》，直把清真与杜甫并列：

以宋词比唐诗，则东坡似太白，欧、秦似摩诘，耆卿似乐天，方回、叔原则大历十子之流，南宋唯一稼轩可比昌黎，而词中老杜，非先生不可。读先生之词，于文字之外，须更味其音律。今其声虽亡，读其词者，犹觉拗怒之中，自饶和婉，曼声促节，繁会相宣，清浊抑扬，辘轳交往，两宋之间，一人而已。

王国维这样推崇清真，一个原因是王氏本身就不是一位感情丰富的词人，他的《人间词》理致苦多而情致苦少，故对于清真那些淡薄寡情的作品较能赏会；另一个原因则是他重视清真词的音律，却不知词体最初虽是音乐文体，它的文学性还得靠情感的浓挚才得建构。

另一派所推崇的是苏轼。王灼《碧鸡漫志》这样称说：

> 东坡先生以文章余事作诗，溢而作词曲，高处出神入天，平处尚临镜笑春，不顾侪辈……东坡先生非心醉于音律者，偶尔作歌，指出向上一路，新天下耳目，弄笔者始知自振。

王灼的评价，着重在东坡格高调逸，所谓向上一路，指的是东坡对词的内容的拓展。从东坡开始，词就不仅是抒情的文学，更可以用来表现词人的思想。

南宋军事家、抗金名将向子諲是一位豪放派词人，胡寅为他的《酒边词》作序，有云：

> 词曲者，古乐府之末造也。文章豪放之士，鲜不寄意于此者，随亦自扫其迹，曰谑浪游戏而已也。唐人为之最工者。柳耆卿后出，掩众制而尽其妙。好之者以为不可复加。及眉山苏氏，一洗绮罗香泽之态，摆脱绸缪宛转之度，使人登高望远，举首高歌，而逸怀浩气，超然乎尘垢之外，于是花间为皂隶，而柳氏为舆台矣。

胡寅特赏东坡的“逸怀浩气”。逸怀是庄子思想的体现，意味着对尘世的坐忘与超越，而浩气则是孟子的精神，表现为对理想的执着坚守百折不回。胡寅认为词到了东坡，则花间词人直到柳永，都只配给苏轼当佣人轿夫而已。

推崇清真的把清真比作老杜。清代刘熙载则以为东坡意似老杜，格似太白，兼有二家之美：

> 东坡词颇似老杜诗，以其无意不可入，无事不可言也。若其豪放之致，则时与太白为近。太白《忆秦娥》，声情悲壮。晚唐、五代，惟趋婉丽。至东坡始能复古。后世论词者，或转以东坡为变调，不知晚唐、五代乃变调也。

而清末四大词人之一的王鹏运，对东坡的评价可谓至矣尽矣，蔑以加矣：

> 北宋人词，如潘逍遥之超逸，宋子京之华贵，欧阳文忠之骚雅，柳屯田之广博，晏小山之疏俊，秦太虚之婉约，张子野之流丽，黄文节之隽上，贺方回之醇肆，皆可模拟得其仿佛。唯苏文忠之清雄，敻乎轶尘绝世，令人无从步趋。盖霄壤相悬，宁止才华而已？其性情，其学问，其襟抱，举非恒流所能梦见。词家苏辛并称，其实辛犹人境也，苏其殆仙乎！

王鹏运列数潘阆、宋祁、欧阳修、柳三变、晏几道、秦观、张先、黄庭坚、贺铸的词风，以为虽各尽其美，后人都可得而模仿，唯东坡堪称天才，无从模仿，无从追蹑。他认为词中苏辛并称，辛词虽亦影响巨大，但不过是人中的高境，东坡词却是仙境。他这样推崇东坡词，当然是把格高视作文学评判最高标准的缘故。

我在大学读书时，与同舍友陆杰就曾讨论过宋代谁的词最好的问题。我们观点完全一致，就是认为辛弃疾的词比苏轼的好。我们认为，悲剧是一切文学样式当中最高的文学样式，而辛词中激荡着无与伦比的悲剧情怀，是真正的崇高美，然苏词所缺乏的，正是这样一种悲剧情怀，因为他的人生观太豁达，悲剧意识就被这种放达的人生观所冲淡，到不了崇高之境。苏词格是很高的，但格高并不是好，真正的好，是能让人感动，是靠执着于人间的悲剧情怀让人感动。东坡什么事都能看得开，面对人生的悲剧现实，他不是选择傲然担荷，而是娴熟地自我排解，这样的人的性情，一定会浮于表面，他写不出最浓挚深婉的爱，也写不出最苍凉沉郁的恨。

而清真的词，我认为一点也不好。单看艺术技巧，清真的确十分高明，他首创了一种蒙太奇式的写作方法，用在长调里，只是通过镜头的转接，就完成了词的叙事，而淡化了时空的顺序，让读者随着词的意脉行进；文辞也典丽可诵，不像柳三变那样，市井气较重。但文学史应该是灵魂的历史，在清真词中，我们见不到感人的力量，因为它们太缺乏灵魂。

清真的根本毛病就在于，他绝大多数的词都是写众人的情感，比如说他写别情，写的是世人分别时那种普遍的情感，而不是写他个人独特的私密的情感，这违背了中国学问、中国文学的最高原则：为己。中国的学问是为己的学问，中国的文学是为己的文学，故修辞而立其诚，是学问、文章最基本的要求。做学问做文章，一定要说自己最想说的话；作诗填词，一定要写自己内心最想表达的东西，要写个人独特的心理体验、生命体验。清真的绝大多数词，是写给他人的，写给大众的，是“为人”的文学，是商业化的写作。

所以我赞同刘熙载的观点：“周美成词，或称其无美不备。余谓论词莫先论品。美成词信富艳精工，只是当不得一个贞字。是以士大夫不肯学之，学之则不知终日意萦何处矣。”何谓“当不得一个贞字”呢？这是说清真的心“不得其正”（见《大学》）。须知道，文学创作一定要正心诚意，要把自己的生命倾注其内，才可能写出好作品。一切文学经典都必须是有病呻吟，若是无病呻吟，哪怕呻吟得再像，也是赝品。清真的词，就是高仿的文学赝品。

在千古词人中，我最推崇的当然是后主，而若于北宋词人中选出一位鳌头，我的票投给晏几道，这是因为晏几道真正是用生命在写词，他的词是由血泪凝成的红冰。

推崇晏几道《小山词》的人，放诸文学史中，绝对是少数。但我于古人中，也并非全无知音。陈振孙虽称清真是词人中之甲乙，对小山也不免左袒：

> 小山词在诸名胜中，独可追逼《花间》，高处或过之。其为人虽纵弛不羁，而不苟求进，尚气磊落，未可贬也。

小山词何以独可追逼《花间》，甚且高处或过之？这是因为，小山是一位有精神洁癖的狷者。他虽不似狂者柳三变一样放荡恣肆，却绝不肯苟且求进，终身捍卫着心灵的自由，故终身全心全意地写词，全心全意地爱，全心全意地恨，全心全意地歌，全心全意地哭，他的人格铸就了他的词格。黄庭坚说小山词“清壮顿挫，能动摇人心”。清壮顿挫本来是诗的风格，以之来形容小山的词，评价已不可谓不高，更何况还能动摇人心？须知动摇人心就是文学的最高境界，也只有其人与其作品合而为一，以生命为词，以情感的纯粹干净动人，这样的词才是值得一遍遍咀嚼的文学精品。

近代词人夏敬观云：

> 晏氏父子，嗣响南唐二主，才力相敌，盖不特词胜，尤有过人之情。叔原以贵人暮子，落拓一生，华屋山邱，身亲经历，哀丝豪竹，寓其微痛纤悲，宜其造诣又过于父。山谷谓为“狎邪之大雅，豪士之鼓吹(chuì)”，未足以尽之也。

夏氏结合小山的人生阅历谈他的词，指出小山词是以生命铸就，非常深刻，至于点明小山词有过人之情，更是知味之言。要知道，诗至缘情，无以复加，一位文艺家如果情感特别充沛，他人的文艺技巧再精熟，都没法与之匹敌。这样的文艺作品，只能用“元气淋漓”四字来评论。所以我的观点是，单就词而论，东坡词不仅比不上小山，比起秦观来也颇有不如。冯煦《宋六十一家词选例言》说：“淮海、小山，古之伤心人也（淮海就是秦观，秦观自称为千古第一伤心人）。其淡语皆有味，浅语皆有致。求之两宋词人，实罕其匹。”固已先我得之矣。

现代著名女词人沈祖棻，她的《涉江词》总体艺术成就极高，易安以后，一人而已，于文学也有独特的赏会，宣称自己情愿给晏叔原做小丫头，对小山的崇爱之情，可见一斑。

晏几道，字叔原，号小山，父亲晏殊，既是官运亨通的太平宰相，又是一位著名词人。但小山完全没有学得乃父做官的本领，反倒成为当时权贵名流眼中的异类。他的词不同于晏殊的华贵矜持，而是高贵中透出兀傲倔强，宣告着与这个污浊的世界决不妥协的决心。

晏殊，字同叔，谥号元献，抚州临川人，生于宋太宗淳化二年（991），卒于宋仁宗至和二年（1055）。七岁被乡里视为神童，十四岁以神童荐入朝廷，宋真宗亲自面试，赐同进士出身，三十岁就出任翰林学士，到了宋仁宗朝，就做到了同中书门下平章事兼枢密使，即宰相。晏殊的气质很特异，被认为是“天生富贵”。据《宋稗类钞》

记载，晏殊虽出身普通农家，但他的文章诗词，有天然富贵之气。有一次，他看到一个叫李庆孙的人写的《富贵曲》，中有“轴装曲谱金书字，树记花名玉篆牌”两句，晏殊就嘲笑道：“这是乞丐相，根本没见过真正的富贵。我要是写诗咏到富贵，我不去讲金玉锦绣，我只讲气象。比如说‘楼台侧畔杨花过，帘幕中间燕子飞’‘梨花院落溶溶月，柳絮池塘淡淡风’，这样的句子才是真的富贵，那些穷人家有这样的景致吗？”

这种天生富贵的气象，实际上反映的是晏殊天生适合做官的性情。正因为晏殊的性情是恬淡的而不是深挚的，是冷淡的而不是激烈的，所以他才能做那么大的官，而且一生太平无事。在他身后，学生欧阳修为他制挽词三首，其中第三首开头就说：“富贵优游五十年，始终明哲保身全。”性格决定命运，能明哲保身，更多的是因为性情，而不是因为他正巧碰上好时代。三首挽词中第一首是五律，谈到晏殊的性格是“接物襟怀旷”，一个“旷”字，便是晏殊的性格密码，有这样性格的人，一生不会有过人的快乐，也不会有过人的痛苦。唯拥有这种性情的人，才可以做一个成功的官僚，但拥有这种性情的人，却决计做不了第一流的文学家。

现代著名学者顾随先生说，中国诗词最动人之处，便在于“无可奈何”四字。晏殊的名句“无可奈何花落去，似曾相识燕归来”，写无可奈何之情，本来最易动人，但由他写来，却丝毫不能给人以哀婉深挚的感觉。至于下面这首《浣溪沙》：

一向年光有限身。等闲离别易销魂。酒筵歌席莫辞频。　满目山河空念远，落花风雨更伤春。不如怜取眼前人。

完全没有了《花间集》里对爱情的天真决绝，“须作一生拚，尽君今日欢”（牛峤《菩萨蛮》）、“妾拟将身嫁与，一生休。纵被无情弃，不能羞”（韦庄《思帝乡》）的至情至性，到了晏殊这儿，竟然成了“不如怜取眼前人”的世故成熟，这正是晏殊作为官僚成功的地方，也正是他作为词人失败的地方。王国维说：“词人者，不失其赤子之心者也。”晏殊便是太早熟、太不天真、太不像孩子，所以我们读出的是那个淡而寡味的富贵中人，而不是让千秋儿女洒泪西风的词人。

小山与他的父亲完全是两类人。

小山生于宋仁宗宝元元年（1038），卒于宋徽宗大观四年（1110），活了七十三岁，历经仁宗、英宗、神宗、哲宗、徽宗五朝。晏殊过世时，小山才十八岁，他的内心太过兀傲不群，是以很快家道中落，一生仕途偃蹇，只做过推官、镇监一类的小官，完全没有他父亲阅历名场的一套本事。在他沉沦下僚的生涯里，还曾因为友人郑侠事牵累，险遭大难。

宋神宗上台后，任用王安石为相，推行新法。所谓新法，本质是国进民退，把所有资源都垄断到政府，民间资本遭到扼杀，而且权力越集中国家财政收入越多，百姓就越贫困，官员腐败也就越厉害。新法行而天下民困，但王安石性情固僻，听不进不同意见，身边更聚集了一大批奉迎拍马、借新法发财的小人。熙宁年间，新法之弊愈深，有小吏郑侠把百姓苦况绘成了图，呈交神宗，神宗看了以后也大受感动，下诏废新法，结果吕惠卿、邓绾一班从新法中大捞好处的小人，跟神宗说：我们好不容易推行了新法，眼看国家要强大了，现在又要贸然取消，这哪行啊！于是神宗又改主意复行新法，并把郑侠下狱治罪，与郑侠交好的人都受到牵连。小山是郑侠的老友，当然也被抓了起来。他能安然出狱，是因抄郑侠家时发现小山所赠诗："小白长红又满枝。筑球场外独支颐。春风自是人间客，张主繁华得几时。"神宗读此诗大为称赏，特诏释放。

郑侠曾受王安石赏识，但因不赞成新法，未获擢用。他以监门之小吏，绘图记新法祸民之状，上书神宗，被冠以反对新法的罪名入狱，用今天的话说，是"性质极其严重的政治问题"。小山的诗，如果深文罗织，可以说成是"恶毒攻击伟光正的新法"的"现行反革命"——"小白长红又满枝"，指新法小人在朝廷得势，"筑球场外独支颐"，指反对新法的君子投闲置散，"春风自是人间客，张主繁华得几时"，谓王安石的势位也不得长久，又能维持新法多久呢？用句"文革"流行语来说："其用心何其毒也！"幸好神宗没有做这样的"文本阐释"，若是遇到最擅长兴文字狱的明太祖、清世宗，小山不但不能出狱，一定还会被满门抄斩。

小山的朋友，除了郑侠这样的骨鲠之士，还有同样反对新法、列名苏门四学士的黄庭坚。从一个人的交游最能看出这个人的本质，小山平素所善，都是风骨嶙峋的君子，则其品格为何如，自可想见。

小山致仕后，住到当年皇帝赐给他父亲的宅第中去，闭门谢客，不与权贵交往。当时权倾朝野、气焰不可一世的奸相蔡京，想要借重小山的声名，重阳、冬至二节，都派人造访，请小山填词，小山挥手而就《鹧鸪天》二首：

九日悲秋不到心。凤城歌管有新音。风凋碧柳愁眉淡，露染黄花笑靥深。　初过雁，已闻砧。绮罗丛里胜登临。须教月户纤纤玉，细捧霞觞滟滟金。

晓日迎长岁岁同。太平箫鼓间歌钟。云高未有前村雪，梅小初开昨夜风。　罗幕翠，锦筵红。钗头罗胜写宜冬。从今屈指春期近，莫使金尊对月空。

二词应景应节，雅淡天然，却无一语颂扬蔡京，这是何等伟岸的人格！

天命之谓性，高贵傲岸，这就是小山的天命，是生来就具足的气质。黄庭坚说他："磊隗权奇，疏于顾忌，文章翰墨，自立规摹，常欲轩轾人，而不受世之轻重。诸公虽称爱之，而又以小谨望之。遂陆沉于下位。”小山天资绝高，他绝非不明白一个真理：只有卑贱自处，才能在这个世界上如鱼得水，但他宁愿陆沉下位，也不愿稍改自己的狷介，与这个荒诞的世界做哪怕一点点妥协。他的“疏于顾忌”，不是因为他不懂得，而是因为他永远不肯降志取容。这既是他的立场，也是他的天命之性。

人们很难想象一位激情澎湃的诗人，同时也是一位深刻的思想家，但其实诗人的勇决与思想家的沉潜本来并不矛盾。小山于儒学及诸子百家之学，皆能潜心玩味，他的论断非常高明，却决不以之博取声名。黄庭坚问他何以不多写些论学的文章，小山答道：“我平时处处注意言论，还被当代的这些名流忌恨，要是我把我所思考的东西都愤愤然地照直说出来，那不是直接把唾沫唾人脸上了吗？”高贵的灵魂只要存在于世，就构成了对平庸者的威胁，尽管小山已经努力掩藏自己思想的优秀，还是不能不被平庸的名流巨公们所仇恨。他只有把一腔幽愤，都化为那些清壮顿挫、能动摇人心的词作。

黄庭坚归纳小山平生有四痴：做官始终不顺利，而不肯向贵人大佬逢迎拍马，这是第一痴；文章保持自己的风格，绝不写一句歌功颂德的话，这又是一痴；万贯家财挥霍干净，家人吃不饱、穿不暖，还像前辈隐士徐孺子那样，满不在乎，这又是一痴；别人怎样对不起他，他也不会记恨，信任一个人，永远不会怀疑对方会欺骗自己，这又是一痴。比诸晏殊的肤浅闲适，小山的身上才有着真正的富贵气象，他用生命实践着一位真正的贵族的人生。

古语云：同声相应，同气相求。小山的身上，自然流露出的是极高贵、极纯净的气息，而这种气息，天然地会让卑贱的灵魂恐惧颤抖。一种人，性情卑贱，是天生卑贱的功利主义者，他们活在世上为的就是蝇营狗苟，从最低的两餐一宿直到高官厚禄、娇妻美妾，永远都被生物本能所驱使，小山的至情至性，对精神世界的热爱，对高雅与美的沉浸，映衬出他们的生活的卑微可笑，因此仇恨小山；另一种人，见到高贵的灵魂会心生妒忌，他们不忿于别人可以这样毫无顾忌地生活，毫无顾忌地爱恨，毫无顾忌地活在自己的世界里，因此仇恨小山。尽管仇恨的程量无法估算，但后一种人，无疑是懂得小山的生命价值远高于一般人的，他们一面嫉恨小山，一面在内心深处也有着一份对高贵与高雅的企慕。后一种人对小山的恨，往往表现得更加刻毒。小山任颍昌府许田镇镇监时，缮写了自己的词，呈给府帅韩维（字少师），韩维本是晏殊的老部下，接小山词覆信说："得新词盈卷，盖才有余而德不足者。愿郎君捐有余之才，补不足之德，不胜门下老吏之望。"其内心的嫉恨刻毒，在"捐有余之才，补不足之德"十字中尽显无遗。

小山狷介高贵的品性，就像麝脐之香，无从掩藏。譬如其《玉楼春》：

清歌学得秦娥似。金屋瑶台知姓字。可怜春恨一生心，长带粉痕双袖泪。　从来懒话低眉事。今日新声谁会意。坐中应有赏音人，试问回肠曾断未。

这首词的立意，我认为是学习晏殊的《山亭柳·赠歌者》：

家住西秦。赌博艺随身。花柳上，斗尖新。偶学念奴声调，有时高遏行云。蜀锦缠头无数，不负辛勤。　数年来往咸京道，残杯冷炙谩消魂。衷肠事、托何人。若有知音见采，不辞遍唱阳春。一曲当筵落泪，重掩罗巾。

但即使题材相同、立意相似，小山词中都有一个明显的“我”在，他写词总会把自己的身世、自己的情怀寄托到歌者的身上，而晏殊对歌者的叙写却是冷静的、旁观的。这就是《小山词》远远高于《珠玉词》的原因所在。

无疑，小山是有精神洁癖的。除了那些同样不醉心功名、视利禄为浮云的朋友，他就只把青眼投向那些风尘中的歌女。他的好友沈廉叔、陈君龙家有莲、鸿、蘋、云四位歌女，四位佳人的身上，没有达官贵人的装腔作势、鄙陋庸俗，她们一个个性若冰雪，才擅咏絮，与小山结成知己、腻友。小山每一词成，都交这四位佳人演唱，而小山则与沈、陈二君持酒听之，以为笑乐。多年以后，小山仍寤寐思之，怀而不忘。他的名作《临江仙》：

梦后楼台高锁，酒醒（xǐng）帘幕低垂。去年春恨却来时。落花人独立，微雨燕双飞。记得小蘋初见，两重心字罗衣。琵琶弦上说相思。当时明月在，曾照彩云归。

讲的就是初见小蘋，所受到的艺术冲击和情感涟漪。小山不是见一个爱一个的花心大佬，他对莲、鸿、蘋、云的感情是纯然艺术性的。他欣赏着也爱着她们，然而这种爱不是以占有肉体为目的，却是与她们一道，潜逃到一个灵魂的孤岛上，沉浸在艺术和诗歌所构建的房子中，忘记世间的牢愁失意。小山不是爱着某一位具体的女性，他爱的是爱本身。他的爱纯粹而高尚，因此也长久地感动着我们。

词的开始，小山营造出一种迷离惝恍的境界。“梦后楼台高锁，酒醒帘幕低垂”，是说春梦醒来，了无痕迹，宿醉初醒，恍如失忆。上着锁的高楼，低垂的帘幕，反映出的其实是主人公心窗紧扃，这个世界对他而言是百无聊赖的，他见不得绚烂的花儿凋谢，更见不得吹折花枝的狂风暴雨，“去年春恨却来时”，是说年年伤春，此恨无有穷已。

他忙于哀悼春光的短暂，美丽的不长久，他沉浸在这样一种哀伤的情绪中，落花微雨，沾身不觉，双燕低飞，心灰如死。幸好，还有艺术慰藉着他，带给他生意与温暖。“落花人独立，微雨燕双飞”，本是五代时诗人翁宏的一首五律中的两句，原句在诗中毫不出彩，然而一用在词里面，就显得特别清壮顿挫，乃成千古名句。

过片“记得小蘋初见，两重心字罗衣”，如电影特写镜头，定格住初见小蘋时的讶异，也定格住小蘋的永恒之美。所谓“两重心字罗衣”，是指衣领开襟，像是篆体的心字。其装束在当时必系时尚先锋，故小山才一见不忘。“琵琶弦上说相思”，非谓小蘋对他一见倾心，而是说小蘋弹奏琵琶、曼声低唱的，是相思的词作，这是当时词曲的普遍主题。小山对小蘋，是尊重与欣赏的成分居多，他能与这些歌女结下深挚的情谊，是因为他不论出身，只看灵魂，他欣赏小蘋身上的艺术气质，更尊重小蘋的灵魂。他比喻小蘋行走时的仪态，仿佛彩云一朵，优雅轻灵。当初唱了什么、说了什么，可能都已忘却，唯有明月朗照着这位佳人像彩云一样飘去的情景，久久地铭刻在小山的心上。

小山特别擅长截取片断的、细节的场景来叙写情感。以视觉艺术喻之，小山词就像是一位高明的摄影家，他总是能捕捉到最让我们感动的画面，他把刹那化作了永恒。比如这首《鹧鸪天》：

> 彩袖殷勤捧玉钟。当年拚（pán）却醉颜红。舞低杨柳楼心月，歌尽桃花扇底风。　从别后，忆相逢。几回魂梦与君同。今宵剩把银釭照，犹恐相逢是梦中。

这首词没有交代女主人公到底是谁，只知她是一位歌女。但她是谁并不重要，重要的是小山与她的爱，浓挚、炽热，相思入骨。

上片记二人初相缱绻，快乐得不知复有人间。“彩袖殷勤捧玉钟。当年拚却醉颜红”，句法上语序错综，正常的语序则应是“当年彩袖殷勤捧玉钟拚却醉颜红”。对酒当歌，人生几何，这是曹孟德的英雄气概，红巾翠袖，行歌侑酒，才是文士的风流。眼前的佳人，绮年玉貌，彩袖底露出纤纤素手，捧着和手一样莹白的玉杯，递到跟前劝饮，谁还忍心拒绝她的殷勤？于是他甘愿一醉，醉了不要紧，因为他看见她盯着自己的眸子明亮如星。

小山是现实残酷竞争的失败者，但他的纯净与真挚，使得他可以收获那些位高权重的老爷们永远无法得到的真爱。女主人公显然对他一见倾心，因之为他倾情歌舞。“舞低杨柳楼心月，歌尽桃花扇底风”二句，极言歌舞的凌风超月，因为她不是用歌喉来吟唱，而是用灵魂；她不是用身体在舞蹈，而是用生命。

相比上片的空灵婉约，下片陡转密实沉着。爱欲既炽，自然如胶似漆，即令不得不分别，别后也必相思无极，无有已时。爱情的美好之处，就在于双方既没有谁更快一步，也没有谁更慢一步，完美的爱，一定是同时堕入爱河，不需要一方苦苦追逐，一方再勉强接纳，千里万里，魂牵梦萦，不以时久地隔，始终默契于心。这才是爱的胜境。小山显然是享有了这样的爱情。“几回魂梦与君同”一语，既见小山之深情，又见彼此相爱之殷，故此难得。“今宵剩把银釭照，犹恐相逢是梦中”化自杜甫的名句：“夜阑更秉烛，相对如梦寐。”杜诗记战乱后的重逢，重大沉郁，欲说还休，小山词则轻灵飞动，一派天真，但深情眷眷，却与老杜一般心肠。

鹧鸪天

小令尊前见玉箫。银灯一曲太妖娆。歌中醉倒谁能恨，唱罢归来酒未消。　春悄悄，夜迢迢。碧云天共楚宫遥。梦魂惯得无拘检，又踏杨花过谢桥。

这首词译作白话，大概是：

歌女在酒筵上歌唱着动听的小令，就中一位最出色，芳名叫玉箫。她唱着《剔银灯》曲子，怎么那么妖娆！这样的佳人来劝酒，何妨醉倒！酒阑人散，归家的路上，酒劲儿未去，歌声还在耳畔萦绕。啊！这夜色多么宁谧美好。碧云天末，我还想念着她的容貌，可她却像巫山的神女，虚无、缥缈。罢了罢了！我这做着春梦的人儿，礼法且自全抛，快快踏着杨花，到谢娘桥边把妙人儿寻找。

这首词里有三个典故：“碧云天”用的是南朝江淹的诗句“日暮碧云合，佳人殊未来”。“楚宫”则用宋玉《高唐赋》之典，略谓楚顷襄王夜宿高唐，有女子伴宿，自称系巫山神女，朝为行云，暮为雨，朝朝暮暮，阳台之下。“碧云天共楚宫遥”，整句是说我在思念着的佳人，却遥在高唐宫阙，无法相见。第三个典故是谢桥，即谢娘桥的省称。谢娘本指晋代的才女谢道韫，后指所眷女子。

这首词的结句写得清俊非常，但文字背后的精神气质更重要。这是破碎虚空，真正求得心灵自由的灵魂的咏唱。世人拘于礼俗，囿于成说，窘于衣食，远离自由久矣！因此，当世间终于出现一位自由的天才时，人们不是企慕、向往，而是震惊、诧异。理学家程颐听人诵此二句，不由失笑道：“鬼语也！”虽说有赏识的意味在，更多的却是不信——不信世间有此自由之境，不信世间有此自由之人。

阮郎归

天边金掌露成霜。云随雁字长。绿杯红袖趁重阳。人情似故乡。　兰佩紫，菊簪黄。殷勤理旧狂。欲将沉醉换悲凉。清歌莫断肠。

我认为这首词作于小山晚年，是他对自己哀乐过人的一生的总结。“天边金掌”指朝廷宫阙。汉武帝好神仙，在宫门外立十二根大铜柱，号曰金茎，上有金人手捧露盘，是为仙人捧露盘，方士哄骗武帝，用露盘所承之露和着金泥玉屑服下去，可致长生。金色与下文的翡翠杯之绿、侑酒人衫袖之红，本来都是明亮的色泽，但一加以

“露成霜”三字，整个感觉完全变了。词人的情感基调是沉郁的，对绝大多数人而言，故乡人情最厚，“人情似故乡”一句，点出漂泊异乡内心凄苦之状，洒落中饱含热泪。过片“兰佩紫，菊簪黄”二句句法非常矫健，它并不是“佩紫兰，簪黄菊”的倒装，而是“兰宜佩紫，菊应簪黄”的省略。唐宋时不管男女老幼，在重阳节时都会在头上插满黄花，身上有时候也会佩着兰草，这是许多人一年中难得放浪的一天，小山又怎样呢？他“殷勤理旧狂”，过往的生命，像电光石火一样，在他的心头飞快掠过，他追想自己狷介的一生，不肯俯仰贵人门前，坚守自己的原则，有所不为，终落得沉沦下僚，无以仕进，此时此刻，他后悔了吗？答案是否定的。他非但不后悔，甚至更有一种隐隐的骄傲，一种悲凉的、承受悲剧命运、担荷世界罪恶的骄傲，这才有“理旧狂”的“殷勤”。

欲将沉醉换悲凉，清歌莫断肠。

他的生命是悲凉的，然而又是丰盈的、充实的，这种悲凉贯穿了他的一生，并感染着九百年以后的我们。

欲将沉醉换悲凉，清歌莫断肠。

小山这两句词不是写给他自己，而是用来抚慰他所有的读者，抚慰所有被他感动的人。

起舞弄清影，何似在人间

说苏东坡

这是一位极聪明而又极忠厚的至诚君子。须知聪明和忠厚，往往很难并存，太聪明的人，往往刻薄，忠厚的人，又多有钝根。像东坡那样，才华绝代，却又遇人温厚，哪怕对方只有片善可取，就恨不得与之倾尽城府，终生不改赤子之心，实在太难得了！

夜飲東坡醒復醉 歸來彷彿三更 家童鼻息已雷鳴
敲門都不應 倚杖聽江聲
岁乙未初秋於京

起舞弄清影，何似在人间

——说苏东坡

一般来说，我们喜欢、认可乃至崇拜某一位作家，都是因为他的作品，我们通过阅读他的作品，去直觉感知他的内心，并由此获得情感共鸣。尽管孟子论诗，提出“知人论世”的原则，但更多的时候，我们还是愿意相信自己的直觉，而有意无意地屏蔽掉作者的生平出处、作品的背景之类的内容。钱锺书先生的名言：“假如你吃了个鸡蛋，觉得不错，何必要认识那下蛋的母鸡呢？”如果你只是将之理解成他不愿与俗子交游的托词，未免肤浅。实际上，钱翁此语，隐藏着他对孟子“知人论世”观的商榷，他意图说明，文学本身，就有独立的审美价值，不需要依托于政事学术。钱翁此论尚矣，但我对东坡的态度正好相反，我愿意结识这只下蛋的母鸡，却并不觉得鸡蛋的味道有多么高明。是的，你没有看错，我从来就不喜欢东坡的大多数诗词。他的文学作品，除了散文，大都不能打动我，但是，我却愿意有这样一位朋友，因为在我看来，他的诗词作得怎样并不重要，他的人生却是天地间至善至美的鸿篇巨制。

如果我们认同《文心雕龙》所确定的“原道、宗经、徵圣”三位一体的文学批评原则，自会承认，中正平和、温柔敦厚的《诗经》是最合于“道”的经典文本。但人生在世，忧多乐少，文艺不悲，则不足以动人，真诚的悲比真诚的快乐更能打动人，甚至高明者假造的悲，也要比真诚的快乐更加动人——因为悲伤比快乐更接近生命的底色。人们也许在理想层面上会认同《周易·系辞》里的名言：“乐天知命，故不忧。”而人非圣贤，孰无忧戚悲愁抑塞悱恻之情？往往是离经叛道的文学，才真正地打动人、感发人。正像苏珊·桑塔格所说的那样：“像克尔恺郭尔、尼采、陀思妥耶夫斯基、卡夫卡、波德莱尔、兰波、热内——以及西蒙娜·薇依——这样的作家，之所以在我们中间建立起威信，恰恰是因为他们有一股不健康的气息，他们的不健康正是他们的正常，也正是那令人信服的东西。”（《西蒙娜·薇依》）而东坡，他的人格太健康，太没有缺陷，所以注定他的人生是神一样的存在，他的诗词却很难打动被大众视为异类的若干人，包括我。

东坡最可贵的，不是他的诗词，而是他的人格。在千古文人之中，他罕见地优入圣域，真正达到了儒家人格的最高标准——中庸。孔子曾深慨乎中庸之难得：“天下国家可均也；爵禄可辞也；白刃可蹈也；中庸不可能也！”中庸既是为政处世的原则，更是完善人格的标杆。人格的中庸，又称中行，意味着天性的各个方面充分自由地发展，意味着文质彬彬，温文尔雅，止于至善。而古今文人，或狂或狷，性情上总是有这样那样的缺憾，较诸东坡的浑浑灏灏，大美无言，均有所逊色。我依稀记得一位现代文学作家说过，你读李白的诗，当然觉得好，可是要想象一下你楼上住的是李白，那该是怎样的噩梦？但倘使这位作家活在宋代，有幸与东坡为邻，他一定不会觉得那是一件苦事。

东坡是一位球形的天才。以诗而论，尽管他的诗大多不感人，但想象奇瑰，句法灵动，用典使事，精妙有趣，仍不失名家。在天水一朝，他和学生黄庭坚并称“苏黄”，俨然与唐代的“李杜”相埒。顺便说一句，黄庭坚是宋代影响最大的诗人，但他的诗泰半淡薄寡情，徒逞技巧，我往往读之不能卒章。东坡的词，虽然历来也非议不小，好之者许为“开出向上一路”，恶之者贬为“著腔子好诗”，但可以肯定的是，苏词确实自成一格，对词的传统体性，是破坏，也是创新。他的书法，居宋代四大书家“苏黄米蔡”之首，也能绘事。而他的文章，更是一个时代所无法企及的高峰。

东坡进京赴考时才二十一岁，当时的文坛领袖欧阳修看了他的信，激动得毛孔贲张，汗出淋漓，致信好友梅圣俞，连呼“快哉”，自承天分不及：“老夫当避路，放他出一头地也。”更连用两个“可喜”，表达了这位胸襟高旷的前辈学人对隐有出蓝之势的后辈由衷的喜爱。

曾经做过东坡秘书的李之仪，在一封书信中说，欧阳修、王安石的文章，固然是一时之宗，东坡的文章却已臻文章至境。他形容东坡的文章如“长江秋霁，千里一道，滔滔滚滚，到海无尽”，这是说苏文的高旷雄浑，气盛言宜；又如“风雷雨雹之骤作，崩腾汹涌之掀击，暂形忽状，出没后先，耸一时之壮气，极天地之变化”，这是说苏文善于变化，技法高明。而东坡的弟弟苏辙，在给他写的祭文中，干脆就说：“兄之文章，今世第一。”

中国古人习惯于含蓄的表达，他们不会轻易说谁谁谁是天下第一，但苏辙能在这篇盖棺论定的重要文章中，如此干净利落地宣布苏文天下第一，乃是因为苏文的确引领一时之风会。直至南宋时，苏文依然是天下读书人摹习的最好范文。陆游《老学庵笔记》记载：建炎（南宋高宗的第一个年号）以来，读书人参加科举，都要摹习苏文，四川一地，其风尤盛，号称“苏文熟，吃羊肉。苏文生，吃菜羹”。意思是摹习苏文功夫到家，就能做官吃得起羊肉，要是学东坡学不到家，就只能吃菜羹了。菜羹是把蔬菜和米屑煮在一起，半汤半糊，为古代贫者所食。我家乡的羹，又称粉糊（hù），是把肉丁、香干丁、笋丁加粉勾芡，滋味十分鲜美。

衡之以现代科学理论，东坡是一位左右脑同等发达的天才。除了在文艺方面有超卓的天赋，他还是宋代儒学重要流派蜀学的代表人物。他才情如海，天下独步，以致时人不得不以仙才目之。王辟之《渑水燕谈录》云：“子瞻文章议论，独出当世，风格高迈，真谪仙人也。”谪仙也就是俗称的文曲星下凡，王辟之称东坡是谪仙，一是认为他文章议论，滔滔雄辩，当世无与伦比，二是说他的文章风格，相对世俗人生，具有非常鲜明的超越性。后来推崇东坡的，又把他与诗仙李白相类比，称作词仙，或因其号东坡居士，而亲昵地呼之曰坡仙。

但是，词仙、坡仙的嘉号，恐怕东坡自己听到了，会心生“不够知己”之慨。是的，他达生乐天，豪宕不羁，对庄子深有会心，诗风词风，专主高旷雄浑，这些都没有错。但他的生命底色，却是君子儒。你读他的“九死南荒吾不恨，兹游奇绝冠平生”“余生欲老海南村。帝遣巫阳招我魂。杳杳天低鹘没处，青山一发是中原”，如果不能读出他忠君眷民、九死不悔的执着，我们不妨再来看看他是如何评价杜甫的——

> 古今诗人众矣，而杜子美为首，岂非以其流落饥寒，终身不用，而一饭未尝忘君也欤？（《王定国诗集序》）

王巩《随手杂录》一书，记载了东坡亲口跟他讲的故事：

> 子瞻为学士，一日锁院（翰林院下班后），召至内东门小殿。时子瞻半醉，命以新水漱口解酒，已而入对（当面接受皇帝的旨意），授以除目（除授官吏的文书）：

吕公著司空平章军国事，吕大防、范纯仁左右仆射。(以上是除目的内容，对吕公著、吕大防、范纯仁三人的人事任命。) 承旨毕，宣仁 (宋神宗之母高太后) 忽谓：“官家 (皇帝) 在此。”子瞻曰：“适已起居矣 (问候过皇帝起居了)。”宣仁曰：“有一事要问内翰。前年任何官职？”子瞻曰：“汝州团练副使。”“今为何官？”曰：“备员翰林充学士。”曰：“何以至此？”子瞻曰：“遭遇陛下 (指宣仁太后)。”曰：“不关老身事。”子瞻曰：“必是出自官家？”曰：“亦不关官家事。”子瞻曰：“岂大臣荐论耶？”曰：“亦不关大臣事。”子瞻惊曰：“臣虽无状，必不别有干请 (干谒请托)。”曰：“久待要学士知。此是神宗皇帝之意。当其饮食而停箸看文字，则内人必曰：‘此苏轼文字也。’神宗忽时而称之，曰：‘奇才，奇才！’但未及用学士而上仙耳。”子瞻哭失声。宣仁与上左右皆泣，已而赐坐吃茶，曰：“内翰直须尽心事官家，以报先帝知遇。”子瞻拜而出，撤金莲烛送归院。

宋神宗去世后，哲宗年幼，由祖母宣仁太后代摄政事，宣仁宽政简民，废除了祸国殃民的新法，北宋朝政终于短暂地回到正轨，而东坡也结束了他的贬谪生涯，回到朝廷任翰林学士。史称“女中尧舜”的宣仁与东坡的这番问答，如絮絮家常，却备见君臣遇合的深情。我最感动的是“子瞻哭失声”五字，那种发自内心的忠荩，受一恩而终身不忘的忠厚，让千载之下的我读来，心头犹然大热。

这是一位极聪明而又极忠厚的至诚君子。须知聪明和忠厚，往往很难并存，太聪明的人，往往刻薄，忠厚的人，又多有钝根。像东坡那样，才华绝代，却又遇人温厚，哪怕对方只有片善可取，就恨不得与之倾尽城府，终生不改赤子之心，实在太难得了！他有极强的人格魅力，深为士大夫所爱。临淮名士杜子师，在东坡被贬到“天涯海角”的海南儋州时，准备卖掉全部家产，举家搬去儋州与东坡做邻居，因为东坡获得特赦放还回内陆，其事才作罢论。更早的时候，东坡被贬到黄州做团练副使，有一高安人赵生，沦为乞丐，而志气不堕，致信东坡求见，东坡也赏其文采，与之会面倾谈，赵生立即被东坡那种怡乐平易的风度所倾倒，相与晨夕讨论，留住半年不去。东坡离开黄州北上，赵生一直跟到兴国县境，方才依依作别。

东坡博闻强识，口才便给，天性又幽默，时能妙语解颐。他的朋友刘贡父，晚年患风病，须眉尽脱，鼻梁也差点断了，有一次几位朋友一起饮酒，事先约定大家各取古人诗句，互相嘲讽，东坡就开起刘贡父的玩笑：“大风起兮眉飞扬，安得壮士兮守鼻梁。”这是改了汉高祖刘邦《大风歌》的原句：“大风起兮云飞扬，安得猛士兮守四方。”所有人都哈哈大笑，弄得刘贡父哭笑不得。现代人认为，取笑别人的生理缺陷，是非常下流的行径，但须知东坡与贡父本系知交，开得起这样的玩笑，又在事先确立了游戏规则，以古人诗句相戏，这样，玩笑的重点就不在对方的生理缺陷，而在古人诗句与所嘲谑的对象是否吻合，实在未可厚非。古人把这样的玩笑称作“雅谑”，善雅谑者，内心必定光明澄澈，与今天某些艺人嘲讽别人的生理缺陷以换取廉价的笑声，有本质的不同。

东坡的人格魅力，还体现在他的旷达洒脱，安于出处。他生在和怡喜乐的积善之家，天性得以毫无拗折地生长。祖父苏序育有三子，大儿苏澹、中儿苏涣都很早中了进士，唯有三儿苏洵，也就是东坡的父亲，到二十多岁还不爱读书。苏序却从来不强迫苏洵进学，结果苏洵二十七岁上忽而心智大开，沉潜百家，综融诸子，终成文章大家。苏洵育儿，也是鼓励多，训诫少，他很早就发现了两个儿子性情的特点——长子太聪明，次子太执着，遂作文《名二子说》，以为规诫。东坡名轼，轼是车前的横木，同车子的其他部件相比，轼似乎只是可有可无的装饰，然而车没有轼，却不能称其为一辆完整的车子，苏洵担心这个儿子太过聪明，易遭人嫉恨，所以希望他懂得外饰；次子名辙，辙是车轮印，苏洵认为，天下之车，无不遵辙而行，衡定车功，不及于辙，但车子倾倒，马匹僵毙，也没有人会怪车辙，他希望小儿子善处乎祸福之间。

这是一个崇尚自由，没有专横的家长习气，而又书香浓郁的家庭，在这样的家庭中成长，人格很难不完备。自小，东坡受父亲影响，研习贾谊、陆贽的文章，希望经世济国，又作《易传》《论语说》《书传》，对儒学有了较精深的研习。中岁以还，名场阅历，多经坎坷，读《庄子》，以为先得其心。在宦途迭经起落之后，他深契于庄子“齐物”的思想，并由此获得内心的安宁。晚年更参禅理，这帮助他更好地消解了痛苦。然而，也正因为他善于自我排解，其诗词始终不能臻于“以血写就”的至境。

东坡有一首《沁园春》，词中有“用舍由时，行藏在我，袖手何妨闲处看”的述志之语，他的人生，更是实践了他所倾心的蒙庄齐物之旨。晚年的东坡，和苏辙一同被贬，他俩在梧州、藤州之间相遇，路边有卖切面的，便买来同食。路边小摊所制，粗恶难以下咽，苏辙又当迁谪，心情不好，哪里吃得下去，于是放下筷子，不停地唉声叹气，而东坡早就把一碗切面吃得罄尽。吃完后，他慢悠悠地对苏辙说：九三郎，你还要慢慢咀嚼它的味道吗？然后哈哈大笑起来。（苏氏家族，人丁繁盛，自同一曾祖父算起，东坡排九十二，苏辙排九十三，故东坡称苏辙作九三郎。）东坡的学生秦观，听说了这件事，感慨地说：这就跟先生喝酒一样。先生喝酒，不过是喝一种能让人醉的液体罢了。

东坡对人对事，是如此和易宽容，这样的人，本来应该福慧双全，一帆风顺才对。然而不然。“问汝平生功业，黄州惠州儋州”，他的后半生大都在贬谪中度过，他的人生，是千古才人最惊心动魄的一场大悲剧。如果说其他文士的运蹇多故，泰半是因为性情的缺陷，东坡的悲剧，却是因为他性情太完美，不能见容于污浊的官场。他是真正实践了孔子中庸理想的士子，然而从古以来，在任何社会，能如鱼得水的都是无原则、无廉耻的乡愿之徒，却不是“国有道，不变塞焉，国无道，至死不变”的真中庸。苏辙称东坡“刚而塞”，意即原则问题绝无变通余地，这是东坡最为人忽视的人格精神，也正是这种刚塞有守、九死不悔的人格，决定了他一生的悲剧。

东坡二十二岁高中进士第二名，又中《春秋义》科第一，殿试中乙科，赐进士及第。后丁母忧不出。（古代父母去世，须守孝二十七个月，不得出仕，谓之丁忧。）二十六岁参加由欧阳修、杨畋特荐，仁宗皇帝主考的“制举”试，入三等。制举又称“大科”，是宋代选拔经世人才的重要手段。在宋代士子心中，制举出身的人，地位要高于科举出身的人。制举考试，要求士子不仅有极渊博的知识，还要有经纶世务的能力、漂亮的文采，要求极高。制举共分五等，一、二等从未有人中式过，仁宗朝明文规定，制举入三等，即依照进士第一（状元）的待遇授官，可见荣耀。两宋三百余年，举行过二十二次制举御试，只有四十多人入等，而入三等的，只有吴育、苏轼、范百禄、孔文仲四人。这一次制举，弟弟苏辙也入四等，兄弟同科，前所未有。

东坡少年巍第，又得前辈名公欧阳修的真心奖掖，本该有似锦前程。的确，命运之神似乎尤其眷顾这位颖发的天才。英宗皇帝还在做藩王时，就听说了东坡的大名，登基后，想特诏东坡为翰林学士，宰相韩琦不同意，于是依照惯例，让东坡又参加了一次制举试。治平二年(1065)，年方三十岁的东坡，再次制举三等，轰动朝野，自此得以进入馆阁，遂有苏学士之称。

入值馆阁，意味着将来有可能做宰相。事实上，仁宗皇帝读了东坡兄弟的制举进策，“退而喜曰：‘朕今日为子孙得两宰相矣’”。然而，终东坡一生，只做到了正二品的官，他后半生颠沛流离，艰辛备尝，甚至身陷囹圄，差点连命都丢了。绝代仙才，成了被命运播弄的可怜儿。

宋神宗熙宁四年（1071），东坡三十六岁，遭遇了宦途的第一次挫折。

宋神宗上台后，任用王安石施行新法，其本质是朝廷“看得见的手”过多介入市场，民间经济遭到严重打击，朝廷越富，百姓越穷。儒家经典《大学》有言：“国不以利为利，以义为利也。”又曰：“长国家而务财用者，必自（‘自’是其的意思）小人矣。”朝廷介入经济越深，便越会与民争利，侵害百姓，更何况，集中到朝廷的财富一定是效率最低的，必然会产生大量的浪费和无法遏制的腐败，为小人佞臣捞取好处大开方便之门。而且，一旦各级官员的欲望之门被打开，就再也没有谁能把它关上，唯一的办法就是等着整个国家崩溃。王安石个人品格十分高尚，我认为他的诗才远在东坡之上，他与东坡政见不同，却能在东坡系狱时，上书神宗，为东坡求情。但王安石的政治主张太过理想化，又刚愎自用，一意孤行，致为群小所趁。他的名言是“天命不足畏，祖宗不足法，人言不足恤”。这是急功近利、无所顾恤的法家思想，与儒家“周监于二代，郁郁乎文哉。吾从周”“好人之所恶，恶人之所好，是谓拂人之性，灾必逮夫身”的保守主义的政治智慧，截然相反。

东坡第一反对的是王安石变革科举之议，又反对上元（元宵节）采购浙灯，而真正得罪王安石身边的新党的，是东坡任进士考官，不齿举子迎合时势，争相指摘祖宗之法，遂向皇帝上疏反驳，深中新党之病。善于明哲保身的东坡，自请贬官，外放杭州通判。

但是新党并没有放过他。神宗元丰二年（1079），东坡四十四岁，新党何大正、舒亶、李定等人告密，说苏轼的诗文诽谤朝政及中外臣僚，无所畏惮。遂将苏轼下狱，由御史台根勘，史称乌台诗案。自分必死的东坡，给苏辙写诗诀别，这是他一生难得的两首绝唱：

> 圣主如天万物春。小臣愚暗自亡身。百年未满先偿债，十口无归更累人。是处青山可埋骨，他年夜雨独伤神。与君世世为兄弟，更结来生未了因。

> 柏台霜气夜凄凄。风动琅珰月向低。梦绕云山心似鹿，魂飞汤火命如鸡。额中犀角真君子，身后牛衣愧老妻。百岁神游定何处，桐乡应在浙江西。

《诗经》的传统是诗言志，陆机《文赋》则提出诗缘情。东坡的诗，与唐代白居易的诗一脉相承，很多时候既非言志，更非缘情，而是为了表达一种趣味，故其诗多不感人。但这两首诗，情感浓郁，直是喷泻而出，是东坡集中难得的精品。

乌台诗案，宰相吴充以下朝中正直大臣上疏极谏，太后曹氏也为东坡说情，但实际上，神宗虽然不喜东坡的政见，对其人则殊无恶感，遂决定结案，把东坡贬为黄州团练副使。

当时担任参知政事（副宰相）的是同以文学知名的王珪。王珪才华、学问、胸襟、经世能力远不及东坡，他由参知政事直做到同中书门下平章事，凡一十六年，官运亨通，秘诀只有一条，那便是揣摩上意，一切以神宗的意旨为准衡。他娴于官场文化，上殿进呈，就说“取圣旨”；皇帝表明了态度，就说“领圣旨”；退朝晓谕禀事者，就说“已得圣旨”。时人不齿，称他“三旨相公”。然而就是这样一位庸官，却对东坡有着难以掩饰的刻骨仇恨。

东坡被贬黄州，照说新党该出一口气了，王珪却依然耿耿于怀。那是卑贱对高贵、阴暗对光明的仇恨，与政见无关。神宗心里一直对东坡甚是赏识，便与王珪商量起复东坡，回朝任用，王珪百计阻挠，更向神宗进谗，说东坡有诗云，“此心惟有蛰龙知”，皇上您飞龙在天，他不知敬爱，却去求取蛰龙的赏顾，显然有不臣之心。在座另一位大臣章惇赶紧说：龙不是只能指代皇帝，普通人也可以称龙。神宗甚有学问，立即道：是啊，古代以来称龙的人很多啊，比如说荀家八子，号称八龙，诸葛亮人称卧龙，难道这些人也是做皇帝的么？退朝后，章惇面责王珪：相公说这话太过分了吧，您和苏轼有多大的仇，这是要让人家灭族啊！王珪十分尴尬，辩解道：这样解诗不是我的发明，我不过是转述舒亶的话罢了。章惇见他毫无担当，于是也不再客气，说：舒亶的唾沫你还去吃啊！

王珪的谗言，实在是狠毒已极，倘若运气不好，遇到阴刻残险之君，东坡真有覆族之祸了。王珪进谗失败，又立即诿过他人，更见出其内心的卑琐阴暗。东坡本是至诚君子，《诗》有之："忧心悄悄，愠于群小。"君子的光明坦荡，没有让小人见贤思齐，反而更激起小人的幽仇暗恨，无论新党旧党，都容不下这位中行君子。

元丰七年（1084），东坡从黄州量移汝州就任，由于长途跋涉，旅途劳顿，幼子苏遁病亡，苏轼便上表朝廷，请在常州居住，立即得到朝廷的许可。可是，当他准备要南返常州时，神宗驾崩了。在路上的东坡听到消息，不由放声大哭。因哲宗年幼，宣仁太后摄政，启用旧党，东坡又得入朝辅政。元祐四年（1089），五十四岁的东坡再一次得罪当权派，以龙图阁大学士贬去杭州做太守。在杭州，他留下了很多世俗意义上的好诗好词，脍炙人口，却多不能动摇人心。

东坡的这次外放，首先是因为他触迕了宰相司马光。这位编有《资治通鉴》的大学者，本来应该明白广开言路方能长保太平的道理，可是，权力让他头脑发昏，他一心只想尽废新法，却不知新法亦非百无一是，东坡比他看得深，也因此触怒了司马光，于是一团火气就向东坡发作。东坡却心平气和，对司马光讲：您亲口跟我讲过，当初韩琦做陕西大帅，您做谏官，与韩琦起了争执，韩琦很不高兴，您也无所顾虑，现在我跟您提意见，却不许我把话讲完，难道是因为做了宰相的缘故吗？司马光哑口无言，只好干笑几声，把场面混过去。然而至此，司马光就有了把东坡逐出都城之心，只是因为他不久病卒，才未及对东坡下手。

但旧党中那些希合求进的小人，对东坡就没有那么客气了。东坡的正直无私，更映衬出他们内心的阴暗卑琐，于是有人旧账重提，又拿乌台诗案说事，诬蔑东坡诽谤朝政；有人说神宗驾崩，东坡不知悲哀，反而诗里出现“闻好语”这样大逆不道的话，罪该万死，幸好此诗刻石时日俱明，东坡又逃过一劫。

为什么无论支持变法的新党，还是反对变法的旧党，都不能容忍东坡呢？元祐七年，东坡守扬州，从扬州教授任上离职的曾旼，到真州（今江苏仪征）看望曾经权倾一时的新党人物吕惠卿。吕惠卿早年逢迎王安石，后来却出卖王安石上位，他之被贬，东坡兄弟很出了一些力，所以特别恨苏氏兄弟。知道曾旼从扬州来，便有了下面这番对话——

吕惠卿问：你认为东坡是什么样的人？

曾旼道：东坡是个聪明人。

吕惠卿怒道：尧聪明吗？舜聪明吗？禹聪明吗？——意思是尧、舜、禹才是真聪明，东坡也配？

曾旼回答道：不是这三人的聪明，但也是一种聪明。

吕惠卿开始语带讥刺：你夸他聪明，这位聪明人他学的是哪一路学问啊？

曾旼依然老老实实地道：他学的是孟子。

吕惠卿更加愤恨，咆哮道：你这是什么话！

曾旼却神色不动，淡淡道：孟子的名言是以民为重，社稷次之，我就凭着这一点，知道东坡是学孟子的。

此言一出，吕惠卿如饮喑药，默然失声，再难反驳。东坡一生政见，只视其利于百姓否，只争是非，不论利害，而政治却要讲利害、讲平衡，这是东坡半生贬谪，不得骋志的根源所在。

宣仁皇后摄政期间，东坡虽时时要提防小人们的暗箭，总算能稍展所长。他直做到端明殿翰林、侍读二学士，这是他一生中做到的最高官职，苏辙祭文称他为先兄端明，即以此也。这期间，东坡卷入了著名的“元祐党争”，他那自由的、活泼的性情，与河南伊川人程颐刻板方正的性情截然对立，由性情的、学术的不相洽而至于互不相能。东坡兄弟是所谓的蜀党，程颐辈则是洛党，另尚有承继已病故的司马光法统的朔党，以刘挚为首。三派相持不下，彼此争权。直至元祐八年（1093）哲宗亲政，重行新法，旧党遭斥，元祐党争才停止。

元祐党争，是反对新法的旧党内部的意气之争、学术之争，三派鼎峙，形成了微妙的政治平衡。宋徽宗登极后，延续哲宗崇奉新法的政治路线，继续打压旧党。崇宁四年（1105），徽宗给元祐党人定性，叫作“元祐害政之臣”，由宰相蔡京书写司马光以下三百零九人的名单，颁之州县立碑，谓之“元祐党籍碑”，凡列为党人的，其子孙不得留京师，不得参加科举，碑上列名而未过世者，一律永不录用。元祐党籍碑分文臣、武臣、内臣、为臣不忠曾任宰臣四个部分，文臣中又分曾任宰臣执政官、曾任待制以上官、余官三类，文臣第二类以东坡居首，他的学生和终生知己秦观，则在第三类余官名单中傲居榜首。不过，徽宗和蔡京没有想到的是，到了南宋初年，元祐党人获得平反，改称“元祐忠贤”，凡是列名元祐党人的后代，莫不以其祖曾入党人而自夸，且根据蔡京原碑拓本，重新摹刻。

很多人读史至元祐党争，都会感慨，东坡和伊川，都是难得的贤士，却因意气相争不下。其实，东坡与伊川固然在性情上、对儒学的理解上殊多歧异，党争能相持多年，实在是摄政的宣仁太后有意放任、高明地挑拨的结果。这是最高统治者的权术，是御下治人的绝顶法门，无论蜀、洛、朔党，都不过是太后手中的棋子罢了。明了这一点，我们就能剥除东坡与伊川相争的政治因素，而专从性情、学术上着眼，更深刻地理解东坡的性情。

东坡与伊川的矛盾，从司马光逝世时开始公开化。司马光逝世，伊川是朝廷委任的主丧官，当天皇帝率领群臣到明堂祭祀，群臣因此不能第一时间到司马家中吊唁。明堂祭祀是吉庆之礼，礼成后东坡、苏辙赶去司马家哭拜，途遇同僚朱光庭，东坡很奇怪，问：公掞（朱光庭的字）兄，你去司马温公家吊唁，怎么这么快就回来了？朱光庭道：伊川先生说庆吊不同日，不让我前往。二苏听说后，怅然返家，向人言伊川是“鏖糟陂里叔孙通”，自此常常讥刺伊川。鏖糟陂，是汴京城南的杂草坡；鏖糟，是肮脏不洁之意。叔孙通原是秦博士，后为汉高祖制定礼仪。二苏以为礼乐不当一成不变，称伊川为“鏖糟陂里叔孙通”，是说伊川只算得上是乡野间的村夫子，村里人婚丧嫁娶，去主持一下还行，发挥儒门大义，就力有未逮了。

又有一次，恰逢国忌，大臣在相国寺祷祝，伊川要求大家一同食素。东坡诘问伊川：你程正叔（伊川的字）又不信佛，吃什么素？伊川答道：礼经有云，居丧不饮酒食肉。忌日，是居丧的延续，当然也不该饮酒食肉。忌日食素，此前并无这样的传统，东坡觉得伊川未免小题大做，一面叫人准备肉菜，一面引汉太尉周勃准备剿灭吕后一族时对三军将士讲的名言：“为刘氏者左袒。”要求大家站好阵营。于是范淳夫辈食素，秦观、黄庭坚辈食肉，洛、蜀两党，营垒分明，成为元祐党争的重要组成部分。

伊川所谓庆吊不同日，固然出诸礼经，但未免拘执，不近人情。他不明白，礼是为了导节人情，比礼更重要的是人心的诚，孔子固云：“礼，与其奢也，宁俭；丧，与其易也，宁戚。”至于据礼经更进一步发挥，要求忌日食素，更无必要。东坡兄弟与伊川的分别，是鸢飞鱼跃的诗性生命与壁立千仞的哲学生命的分别，是自由奔放的上智人格与苦修常参的中人人格的分别。我们只要看一看程朱理学盛行后，中国再也没有出现过解衣磅礴的大时代，自徽宗宣和以后，中国文化就一直走下坡路，便会更加感叹东坡自由活泼的精神气质的可贵。由伊川到考亭（朱熹），这一脉的学问适合社会占多数的中人，却必然会束缚上智天才的发展。中才之士，固然需要哲学家以礼规范其行为，但如果一个社会没有给诗性生命留下空间，整个社会就会愈来愈板滞，不再有创造力，偶尔有奇伟之士出现，也会很快被死气沉沉的社会所吞噬。太白、东坡以后，再无太白、东坡，理学盛行，大抵是不能辞其咎的。

宣仁太后去世，哲宗亲政，重新启用新党，东坡先贬英州，未到任文书又至，更贬往惠州，再贬海南儋州。元符三年，哲宗去世，徽宗登基，大赦天下，东坡得以北还，写下了他一生最感人的诗句：

> 余生欲老海南村。帝遣巫阳招我魂。杳杳天低鹘没处，青山一发是中原。

这首诗，沉郁苍凉，惊心动魄，可惜在东坡的全部作品里，难得一见。坡诗想象奇瑰，善用譬喻，句法又特别活，偏偏感人者少。何以故？因为东坡实在太聪明了，他兼修庄释，把人生看得太透，所以痛苦还来不及沉淀，就已被他先行化解了。如他的名作《和子由渑池怀旧》，中有“人生到处知何似，应似飞鸿踏雪泥。泥上偶然留指爪，鸿飞那复计东西”这样的句子，这种随处而安、万有皆幻的人生观，虽然能给他带来内心的平静，却注定了他不能成为一流的诗人、词人。他常在诗词中给自己心理暗示，让自己不要直面痛苦，如：“此生天命更何疑。且乘流、遇坎还止”（《哨遍》）、“此心安处是吾乡”（《定风波》）、“百年里，浑教是醉，三万六千场”（《满庭芳》），顺生达观，固然宜于众口，但唯有悲观的心灵，才可能通向深刻。诗词都是以深沉蕴藉为至美的。东坡是人格完美无缺、真正中庸的君子，这样的人，交朋友是一流，为官从政也是一流，做散文家也是一流，却不适于做诗人、词人，诗词是唯有遗世独立的畸人、狂狷之人，才可能写到极致的。

定风波

三月七日，沙湖道中遇雨，雨具先去，同行皆狼狈，余独不觉。已而遂晴，故作此词。

莫听穿林打叶声。何妨吟啸且徐行。竹杖芒鞋轻胜马，谁怕，一蓑烟雨任平生。　料峭春风吹酒醒。微冷。山头斜照却相迎。回首向来萧瑟处，归去，也无风雨也无晴。

这首《定风波》，是最有东坡个人风格的一首词。词中传达的庄子齐物的哲学观，也是一种如人饮水、冷暖自知的禅机。“也无风雨也无晴”，意味着面对人生境遇的顺逆，寂然不动于心，这种境界固然能给人以理性上的超拔，却难以给人情感上的震荡。一句话，词中的境界要靠读者来悟，却不是让读者直感。所以它算不上第一流的词品。清末词人郑文焯评此词曰：

> 此足征是翁坦荡之怀，任天而动。琢句亦瘦逸，能道眼前景。以曲笔直写胸臆，倚声能事尽之矣！

我不能同意“倚声能事尽之矣”的说法，而“坦荡之怀，任天而动”的人生态度，更是诗歌的大敌，因为这样就少了诗的灵魂：浓挚的情感、充沛的激情和执着的情怀。

我以为，读苏词当看他沉郁低回处，而不当看他豪迈高旷处。东坡生命的底色，本也是沉郁的、痛苦的，只是大多数时候，他用庄情释理，把这一底色掩住了。

木兰花令·次欧公西湖韵

> 霜余已失长淮阔。空听潺潺清颍咽。佳人犹唱醉翁词，四十三年如电抹。　草头秋露流珠滑。三五盈盈还二八。与余同是识翁人，惟有西湖波底月。

这首缅怀恩师欧阳修的作品，写得凄厉哀凉，备见东坡性情之厚。词一开篇，先借深秋清寒逼仄的景致写入，以景烘情。淮河水势，因秋季水少，已显得狭窄逼仄，唯有颍水潺潺，似替人呜咽。恩师长已矣，他的词作，却仍被美丽的少女曼歌，词人念及年少见知于欧公，深得恩师青赏，必然想起欧公对他的叮嘱："我所谓文，必以道俱。见利而迁，则非我徒。"（《祭欧阳文忠公文》）这四十三年颠沛造次，不违于仁的人生，如露如电，在心头闪过，那是何等销魂、何等黯然的滋味！

过片用的是兴的手法。兴，是一种暗喻，词人以草头秋露、月相变更（三五，指十五日，二八，指十六日）暗喻生命的无常，恩师的音容笑貌，在东坡心中，自然是栩栩如生，而恩师与自己却天人永隔，相见无期了！

词的结尾，暗承"三五盈盈还二八"一句，谓只有颍州西湖波底的明月，与我同是识得醉翁之人。天地如逆旅（客舍），人生如过客，词人很清楚自己在宇宙中只是一瞬间的存在，而明月却终古长在，有一天自己的生命会终结，对恩师的缅怀也就尽成灰埃，但欧公的道德诗文，却必将与明月亘古长在。

临江仙

夜饮东坡醒复醉，归来仿佛三更。家童鼻息已雷鸣。敲门都不应，倚杖听江声。　长恨此身非我有，何时忘却营营。夜阑风静縠（hú）纹平。小舟从此逝，江海寄余生。

这首词表面看来，非常旷达，飘然仙举，实际上却是一种深层的无可奈何。词人被贬黄州，无法超脱人生的苦难，他的理想是“小舟从此逝，江海寄余生”，像范蠡一样归隐，以求得身心的自由，然而，他对现实终是无法太上忘情，更有重重羁绊，不得自由，只能在词中宣泄一下对自由的神往。此词作完次日，便有传言说东坡挂冠服于江边树上，驾一轻舟，长啸而去。黄州太守徐君猷听到这个传言，又是吃惊，又是害怕。要知东坡被谪黄州，是政治犯的身份，太守有监守之职，于是急备车马，到东坡居所，明为拜谒，实则监视。没想到至其家，东坡鼻鼾如雷，尚未起床。不过，东坡潜逃的传言，终于还是流布到京师，即使是宋神宗，读了东坡这首词，也不免怀疑。这又一次证明，真正懂得东坡、理解他的忠厚的人，实在太少了。

卜算子·黄州定慧院寓居作

缺月挂疏桐，漏断人初静。谁见幽人独往来，缥缈孤鸿影。　惊起却回头，有恨无人省。拣尽寒枝不肯栖，寂寞沙洲冷。

这首小令，同样是东坡词当中的精品。它的外在气质很清空，而内里则非常沉郁，堪称外禅而内儒。他以孤鸿自况，延续了唐代诗人张九龄“孤鸿海上来，池潢不敢顾”的生命精神，表明自己不肯降志违道、谄上取利的高洁情怀。当代学者张海鸥先生认为，鸿，是东坡的生命图腾，象征着自由、高洁，循此解读，自然能破解此词的意象密码。

在全部的《东坡乐府》中，我尤其偏爱这一首：

八声甘州·寄参寥子

有情风万里卷潮来，无情送潮归。问钱塘江上，西兴浦口，几度斜晖。不用思量今古，俯仰昔人非。谁似东坡老，白首忘机。　记取西湖西畔，正春山好处，空翠烟霏。算诗人相得，如我与君稀。约他年、东还海道，愿谢公、雅志莫相违。西州路、不应回首，为我沾衣。

此词作于元祐六年（1083），作者由杭州太守起复，召为翰林学士承旨。方外好友参寥子赶来送行，东坡遂作此词以赠。词人名场阅历，长久遭受倾轧，已如惊弓之鸟，心里充满了忧惧，这个时候，归隐的情志也就接近临界点，所谓“谢公雅志”，是指归隐东山之志。东坡与这位年辈低于自己的方外小友相约偕隐，但此去京师，宦途险恶，东坡不知自己是否能全身而退，故而反来宽慰参寥子：倘使我竟遭不测，你不必像羊昙对谢安一样，在西州城门为我泪湿衣襟。《晋书》记载，谢安外甥羊昙，非常爱戴舅父，谢安病重时是被人抬着从西州门还京的，他去世后，羊昙不忍过西州路，有一天大醉经过，痛哭了一场乃去。东坡在这里用了一个独特的修辞术，我称之曰以宽语写悲情，即用故作放达的宽慰语，写出最深挚的哀恸。全词一气贯注直下，更不用曲笔、逆笔，却如杜鹃啼夜月、响空山，凄厉已极。前人评此词有四字，曰“骨重神寒”。骨重，是痛苦程量之宏，神寒，是风格的沉郁，这四字确实是对这首词极精当的评价。

水调歌头

丙辰中秋，欢饮达旦，大醉。作此篇，兼怀子由。

明月几时有，把酒问青天。不知天上宫阙，今夕是何年。我欲乘风归去，又恐琼楼玉宇，高处不胜寒。起舞弄清影，何似在人间。　转朱阁，低绮户，照无眠。不应有恨，何事长向别时圆。人有悲欢离合，月有阴晴圆缺，此事古难全。但愿人长久，千里共婵娟。

这首词和《念奴娇·赤壁怀古》，大概是东坡最有名的两首词作了。此词作于熙宁九年（1076），东坡在密州任上。其时东坡贬谪在外已有五六年，神宗皇帝开始怀疑新法之效，对旧臣未免思念，词人感受到了一股政治暖流，心中酣畅，遂有这一篇千古绝唱。“不知天上宫阙，今夕是何年”是说不知朝廷时局如何，“我欲乘风归去”是说想重新回朝辅弼神宗，“又恐琼楼玉宇，高处不胜寒”是说朝廷政治波诡云谲，不是自己所能应付得了的，“起舞弄清影，何似在人间”则是说不如远离政治中心，全身避害吧。神宗读到这首词，已是乌台诗案后东坡被谪黄州之时。他一下子读懂了此词背后的寄托，慨叹“苏轼终是爱君”，次年，即下诏东坡量移（根据表现升迁）汝州。

寄托，是诗词中用优美的意象，来做政治性的隐喻的手法。清代词论家周济认为，一首好词，应当是“非寄托不入，专寄托不出”，意即如果填词只是局限于伤春悲秋，歌红偎翠，词境不可能高，词心不可能深，但如果一首词只能做政治性的解读，又会丧失词本身所必须具备的芳馨悱恻之美。这首词的高明就在于，即使你完全不明白背后的寄托，依然会为之感动。我们姑且对它做一番哲理化的解读——

“明月几时有，把酒问青天。”这是对宇宙原初、阴阳肇始的诘问。词人在现世有着终生无法解脱的痛苦，他不得不向天追诘痛苦的根源。

“不知天上宫阙，今夕是何年。”人间无穷的岁月，在天上或许只是一瞬，那彼岸的世界究竟如何？人类又能否凭借智慧而到达彼岸？

“我欲乘风归去，又恐琼楼玉宇，高处不胜寒。”词人梦想乘着罡风，登上天上的宫阙，却怀疑神仙之说，事属虚无，更隐藏着一种深刻的质疑：难道太上忘情，没有任何痛苦的人生，就是真正值得追求的人生吗？

“起舞弄清影，何似在人间。”人世尽管有着无穷的负累、无尽的痛苦，然而，它却是那样真实，也许唯有勇于直面、敢于咀嚼苦难的人生，才是完满的人生吧！

过片“转朱阁，低绮户，照无眠”三句，是说月光转过朱阁，斜穿进绮窗，照着无眠的人们。

“不应有恨，何事长向别时圆。”是说人们不必怅恨，除了天上的明月，谁还会在你离别孤寂时，一轮光满，长相陪伴呢？这里的“何事”，不是为什么，而是何物的意思。事与物，古人常常同义互训。

“人有悲欢离合，月有阴晴圆缺，此事古难全。”连天上的月亮都有阴晴圆缺，人又怎会没有悲欢离合？这才是真实的人生。

“但愿人长久，千里共婵娟。”人生的全部智慧，就在于等待和希望，无论人生怎样痛苦，我们终究要有尊严地走完它。

南宋王灼《碧鸡漫志》评论坡词，曰：“东坡先生非心醉于音律者，偶尔作歌，指出‘向上一路’，新天下耳目，弄笔者始知自振。”近人饶宗颐先生指出，“向上”语原见《传灯录》：“宝积禅师上堂示众曰：‘向上一路，千圣不传，学者劳形，如猿捉影。’”他认为，如以禅喻词，一种人的词是求忏悔，另一种人的词是求解脱，求忏悔是消极的禅心，仅以聊以慰释，求解脱故词境高夐，卓然能开新天地。在饶先生看来，东坡当然是求解脱的代表。然而，我以为东坡词境佳胜处，既不在于他的求忏悔——他没有需要忏悔的地方，到生命最后一刻，他仍自信“吾生无恶，死必不坠”；也不在于他的求解脱——他努力追求过，“我欲乘风归去”，却还是放弃了；东坡词境之佳胜，在于他执着地选择了放弃解脱，“起舞弄清影，何似在人间”。

在人间。

一生怀抱百忧中

说秦少游

中国文化从来就不鼓励露才扬己的狂者，一个多血质的、性格外向活泼的人，生活在中国，会时常感到窒息。这种文化环境还会增加露才扬己之人的逆反心理，他们的创造力得不到正常的宣泄，于是往往会做出惊世骇俗的行径，更加强化一般人对他们的反面认识。

春路雨添花 花動一山春色
行到小溪深處 有黄鸝千百
飛雲當面化龍蛇 夭矯轉空碧
醉臥古藤陰下 了不知南北
尘乙未年白露於京

一生怀抱百忧中

——说秦少游

郴江不尽少年心。谁复痴怀捧泪吟。

孤馆来当风雨暮，累予从此绝登临。

上诗是我1999年登郴州苏仙岭，凭吊少游所作。时方初秋，暑威渐退，雨丝绵绵，织愁如幕。我虽明知岭上的“少游驿馆”只是后人仿建，但馆内陈设，颇存古意，飞尘暗积，悄无旁人，仍不自禁感到一阵凄凉。昔清代大诗人龚自珍离京南下，女儿阿辛捧泪吟诵冯延巳词再四，谓能明词中之旨，我想，大概宋代以后，也该有无数多情的少女，在香闺中幽吟少游的“雾失楼台，月迷津渡”，洒一掬千秋之泪吧！

苏仙岭因传说汉代苏耽于此山修炼得道而得名，岭上复有古迹曰“三绝碑”，镌的是宋代书法家米芾所书少游的名作《踏莎行·郴州旅舍》。词中“郴江本自绕郴山，为谁流下潇湘去”二语，东坡绝爱之，书于扇面，终日讽诵。少游殁后，东坡于扇面后续一跋语，云：“少游已矣，虽万人何赎。”米芾亦引而书之，一碑而有秦词、苏跋、米元章法书，故名三绝。三绝碑所书少游词，与今天所见的通行本颇有不同，全词云：

> 雾失楼台，月迷津渡。桃源望断知何处。可堪孤馆闭春寒，杜鹃声里残阳树。　驿寄梅花，鱼传尺素。砌成此恨无重数。郴江本自绕郴山，为谁流下潇湘去。

宋时“树”“曙”同音，据宋人笔记记载，今通行本“杜鹃声里斜阳暮”，是为避宋英宗赵曙讳而改。可知米芾所书，当为少游原稿。好友罗艳女士，是湘昆剧团的当家旦角，我曾听她清唱此词，哀怨中见出凄厉与坚韧，的确唱出了少游婉约而又不失风骨的词境。

少游这首《踏莎行》，历来评价极高，被认为是《淮海词》中的压卷之作。不仅东坡爱不能置，少游的好友、同为东坡门下的黄庭坚也认为，此词意境，颇似唐代诗人刘禹锡迁谪楚蜀之间的诗作。王国维则评论说：“少游词境最为凄婉。至‘可堪孤馆闭春寒，杜鹃声里斜阳暮’，则变而凄厉矣。”这首词是少游由湖南郴州再贬广西横州所作，旅况凄凉，心情积郁，遂成此凄婉中寓悲愤的绝构。

词的前三句，是说夜色凄清，月光和雾气笼罩住了大地，看不见楼台人影，寻不着放舟的津渡，词人理想中的桃花源又在哪里呢？“可堪孤馆闭春寒”二句，暗承“桃源望断知何处”，以羁旅生涯的辛苦无奈，对照理想的空幻邈远。春寒料峭，词人独坐驿馆，无心行路，只是听着杜鹃凄切的悲啼，看着落日罥在高树之间，其心情的哀怨幽咽，自可想见，而著“可堪”二字，更加重意象的表现力。

过片“驿寄梅花，鱼传尺素”用了两个典故。南朝刘宋时，陆凯率兵南征，度梅岭，思念友人范晔，遂折梅托驿使寄去陇上（今甘肃），并附绝句一首：“折梅逢驿使，寄与陇头人。江南无所有，聊赠一枝春。”“鱼传尺素”则化自汉蔡邕《饮马长城窟行》：“客从远方来，遗我双鲤鱼。呼儿烹鲤鱼，中有尺素书。”词人用这两个典故，是表示对在他失意牢愁之际，不离不弃，致书寄物安慰他的友人的感激。“砌成此恨无重数”，是说同是天涯沦落，苦况相形，更增哀怨。人类情感的程度，本是不可量、不可测的，而用了一个“砌”字，就把不可量、不可测的情感变得具象化，仿佛那些愁怀恨绪，是一块块的砖石，砌成了一堵高墙，遮住了来时的路，也遮住了未来的希望。

一结“郴江本自绕郴山，为谁流下潇湘去”，通行本作“幸自”，词意上虽更圆熟，却缺少了原稿无可奈何的幽怨情致。“郴江本自绕郴山”，意思是郴山郴水，本自相依，隐喻词人对朝廷的眷眷之怀，“为谁流下潇湘去”，则谓词人对朝廷原是忠悃一片，却如三闾大夫一样，横遭流放。这两句词所表达的情感，是站在同一阵营、同遭政治打击的东坡与少游所共有的，宜乎东坡写于扇面，讽咏不置了。

少游名观，高邮秦氏子，号太虚，又号淮海居士，词集名《淮海居士长短句》。《宋史·文苑传》说他“少豪隽，慷慨溢于文词。举进士，不中。强志盛气，好大而见奇，读兵家书，与己意合”，可见他少年时原是豪侠之气十足的慷慨之士，他爱读兵书，大概是想学习他的祖上，统将领兵，驰骋沙场。少游后来仍以文士出身，是受东坡的影响。他第一次见东坡，是在徐州，东坡读了这位小自己十三岁的才人所作《黄楼赋》，大加青赏，说他有屈原、宋玉之才，并把他介绍给王安石，王安石也非常欣赏少游诗，认为他诗风清新俊逸，仿佛南朝的鲍照、谢朓。东坡劝他应举读书，挣取功名，以奉养父母，少游这才应试登第，做了定海主簿、蔡州教授。

到了哲宗元祐初年，东坡重新入朝，就力荐少游，遂入翰林，任太傅博士兼国史院编修官，与黄庭坚、晁无咎、张耒并称苏门四学士。好景不长，宣仁太后去世，哲宗亲政，改年号为绍圣——绍述父亲宋神宗的伟光正，重行新法，于是东坡等人，一体遭黜，少游先贬往杭州任通判，不久又贬为监处州（今浙江丽水）酒税，再贬郴州、横州、雷州，虽然名义上仍是官员，却是戴罪的打入另册的“犯官”。

徽宗登基后，大赦天下，少游被起复为宣德郎，这是一个正七品的小官，但终于可以放还北归了。回京途中路过藤州（今广西藤县），游华光寺，与人讲自己梦中所作的一首长短句，觉得口很渴，便让仆人给他打水，水至，少游一笑而卒。

少游的这首梦中所得之作，作于绍圣二年春少游贬任监处州酒税之时，调寄《好事近》，词云：

> 春路雨添花，花动一山春色。行到小溪深处，有黄鹂千百。　飞云当面化龙蛇，夭矫转空碧。醉卧古藤阴下，了不知南北。

也许，冥冥之中的确存在着一种不可知的力量，从出生的那一秒算起，我们每一个人的命运，都是被这个力量规定好了的。为什么少游不早不晚，偏偏在他临终前想起了这首词？黄庭坚感慨，词中有“醉卧古藤阴下，了不知南北”之语，而五年后，少游真的死于藤州光华亭上，认为这首词堪称词谶，预兆着少游的最终命运，这一看法不为无因。

但是，如果我们对少游的人生多一层了解，对于这首词与少游生命之间的玄妙关系，便会有另一种解释。

少游一生，因见知于东坡而得意，亦因见知于东坡而迭遭贬谪，他身故以后，列名《元祐党人碑》，在“余官”的名单里，名居第一。他的后代，也就像其他元祐党人一样，很长时间内成为政治上的贱民。传说靖康二年，金人攻破汴京，掳劫徽钦二帝及官员后宫、子女财帛，有一被俘女子，自云是少游的女儿，于路边题诗曰：“眼前虽有还乡路，马上曾无放我情。”读到的人都觉得非常凄恻。

当时一般人对少游的印象，好一点是说他豪宕、疏荡，而与东坡积不相能的洛党一边的人，就直接指斥他猥薄。

诗人陈师道——我认为他与王安石的诗，代表了宋诗的最高成就——曾与少游一起，被黄庭坚写入诗中：“闭门觅句陈无己，对客挥毫秦少游。”无己是师道的字，他每当灵感来了得句，就闭门上榻，以被蒙头，摒绝喧嚣，以续成完篇，谓之吟榻。这是一位人格伟岸高峻的真诗人，东坡数欲引为门下士，他虽敬慕东坡，却表示，自己已敬曾巩为师，谦难从命；无己与新党的赵挺之是连襟，有一次要参加郊祀，无己家贫无棉衣可着，妻子就向赵挺之家借了皮裘，无己知道是赵家的皮裘，坚不肯着，终因寒疾而毙。这位赵挺之，是金石家赵明诚的父亲，女词人李清照的公公，他对自己的亲家翁，列入元祐党人的李格非，打击起来毫不留情。陈师道取人以道不以亲，人格之峻洁，远过于他的偶像杜甫，杜甫还经常“朝扣富儿门，暮随肥马尘”。

陈无己的“闭门觅句”与秦少游的“对客挥毫”，看似截然相反，实则一脉相承，他们都是只肯活在自己世界的大儿童，都是持“为己之学”的真诗人。“对客挥毫”，用今天的话来说就是爱在人前显摆，人越多，少游越兴奋，就越迫不及待要展露自己的才华。而这种行为在中国的文化环境中，是会被很多人反感的。

史学家班固称这一行为作“露才扬己”，中国文化从来就不鼓励露才扬己的狂者，一个多血质的、性格外向活泼的人，生活在中国，会时常感到窒息。这种文化环境还会增加露才扬己之人的逆反心理，他们的创造力得不到正常的宣泄，于是往往会做出惊世骇俗的行径，更加强化一般人对他们的反面认识。这种反精英的文化传统，是中国近代落后于西方民族的根源。

在少游有限的生命当中，一个经常来自其他党派阵营的攻击就是猥薄。何谓猥薄？用新中国的话来说，就是生活作风不检点。元祐三年（1088）少游被召进京，正遇上程颐的洛党与苏轼的蜀党斗争得很激烈，未得入馆职。元祐四年范纯仁罢相知许州，荐备著述科，次年入秘书省校对黄本书籍，元祐六年（1091）七月，因御史中丞赵君锡推荐，朝廷任命少游做秘书省正字，洛党御史贾易与苏轼仇隙极深，抓住少游的生活作风问题大做文章，八月朝廷取消了对他的任命。直至元祐八年（1093）六月，才重新委任他做秘书省正字，然其时仍有御史黄庆基劾奏少游“素号猥薄”。

少游被洛党的人攻为“素号猥薄”，大概与他的雄性腺发达有关。少游长着浓密的大胡子，比著名的东坡髯还要丰茂。所以晁无咎诗云：“高才更难及，淮海一髯秦。”邵博《闻见后录》记载：少游在东坡席上，有人调侃少游胡须太茂盛，少游就用《论语》的话回敬：“君子多乎哉？”意思是君子会嫌自己的胡须长得浓吗？东坡也引《论语》的话调侃他：“小人樊须也。”樊须是孔子的学生樊迟，须和迟都是等待的意思，正体字胡须写作鬍鬚，东坡这是用谐音戏谑。本来就以长髯著称的东坡，竟然会戏谑少游的胡子，可见其雄性腺的发达是在东坡之上的。清代大词人陈其年，身材短小，而绝多髯，好声色，词风霸悍，骈文富气势，也是雄性腺过分发达的缘故。

早年的少游，曾因事系狱，并且案情特别重大，关在诏狱（奉诏命关押犯人之所）里。据少游自述，“观自去岁入京，遭此追捕，亲老骨肉亦不敢留。乡里治生之具，缘此荡尽。”今其事已不可考，或者与所谓的“猥薄”有关。

南宋王灼《碧鸡漫志》云：“张子野、秦少游，俊逸精妙。少游屡困京洛（首都），故疏宕之风不除。”把他与前辈词人张先并列，认为他俩都是私生活不太检点，常流连于声色场所的疏宕超奇之士。他的这种疏于检点的生活作风，引起了道学家朱熹强烈的愤慨。朱熹学承濂（周敦颐）洛（程颢程颐），对东坡这一脉的诗性人格，非常看不过眼。他说，东坡的那一套思想，那一套治国方略，假使真能实行，大宋朝也未必能向好。他认为，跟着东坡的全是有名的轻薄之人，行为失检，这其中秦少游又最糟糕。朝廷诸大臣，信任东坡，对东坡举荐的人，一点也不加以磨勘详察，要是这些人都聚集在朝廷之上，天下何由致太平？朱熹说东坡自己作风便不谨慎，跟着东坡的人也像他一样，岂不是把天下事弄得一团糟吗？幸好东坡掌握权力时间无多，很多败坏朝政的事还来不及做出来，加上后来新党小人用事更加糟糕，才显出东坡不坏。

还没有完，朱熹接着又说，东坡上台不多久就排废了许多端人正士，而接引来朝的都是不自律的人。就说秦观与黄庭坚吧，这二人虽然懂得向上，还是太自由散漫了。又道，东坡总是骂王安石，王安石固然有问题，但是假如苏轼做了宰相，引得秦观、黄庭坚这一队人进来，坏得更猛。

朱熹的见解，代表了社会一般人对才智超卓之士的根深蒂固的偏见，也是洛学对昙花一现的蜀学的盖棺之论。中国的文化环境要求人人做道德圣人，却缺乏对天才的基本的宽容。蜀学和洛学，都是对儒学的继承与发展，但蜀学偏重人本，强调真淳的性情是为仁为学之根本，洛学却更注重对外在的礼法的恪守。二程门人，攻苏门之士“素号猥薄”，苏门之士，大概看二程门人多是伪君子。东坡重仁（心之全德曰仁）不重礼，他接引秦观、黄庭坚这些人，正是因为他看到秦、黄性情的纯粹，相信他们一定可以为民请命，治己治人。

洛学宗风，重视道德，然而抡才以德，缺乏可操作性，因为人类没有发明倪匡小说里的思想仪，可以在委任国务之前了解一个人的内心。这样擢拔出的人，伪君子占了很大的比例。其中当然也有真君子，却多是平时袖手谈心性，临危一死报君王，无当国用。文章诗赋却不一样，在行家看来，是绝对做不了伪的。所以少游纵然少年时疏宕失检，天性却极纯良。也正因其性情真醇，才能与东坡结成生死患难之交，为之颠沛坎壈，终生不易。

《道山清话》里记载了这样一个故事：

少游遭贬南迁，行在郴州道上，天下起了雨。有一在秦家多年的老仆滕贵，在后面管押行李。因道路泥泞，辎重难行，少游就在前面路边人家檐下等候。过了很久，滕贵才蹒跚拄拐赶到，他满腹牢骚，冲着少游道："学士！学士！他们取了富贵，做了好官，不枉了恁地。你做了什么来陪他们，波波地打闲官，方落得甚声名！"大意是东坡兄弟终究做到很大的官，就算再遭贬谪，也算够本了，你干吗要跟他们混，只做了个清水衙门的闲官，现在又是什么下场？气得连饭都不肯吃。少游只好赔着笑脸，再三劝他：没奈何！（我也是没办法啊！）滕贵怒气不息，道："你也晓得没奈何！"

滕贵说的是宋时白话，"波波"在唐宋俗语中是奔波之意，"波波地打闲官"就是做了个劳碌奔波的无权小官；另外"波波"可能是波波吒吒、波波查查的省略，意为波折，则"波波地打闲官"意为费尽磨折，也只是做了个闲官。

少游何以说他的人生选择是没奈何？须知愈是诗性的人格，愈是钟情，愈不肯降志取容，东坡既以国士待少游，少游亦唯有以国士报东坡，身窜南荒，九死不恨。

晋代王戎，儿子万子夭折，他的朋友山简来探视，王戎哭得不行，山简说：小孩子不过是你抱在怀里面的小玩物嘛，何至于此？王戎说："圣人忘情，最下不及情；情之所钟，正在我辈。""情之所钟，正在我辈"这八字正可以作为少游一生的注脚。少游钟情而富于情，这也是一种天赋，不是所有人都会拥有的。

晋代还有一位王伯舆，曾官长史，登茅山（今属江苏镇江），俯仰天地，放声痛哭，道："琅琊王伯舆，终当为情死！"少游同样也是毕身跳不出"情"字，终为情死的至情至性之士。

清代词论家冯煦评论说，少游所为词"寄慨身世，闲雅有情思，酒边花下，一往而深，而怨悱不乱，悄乎得《小雅》之遗，后主而后，一人而已"，更精当地指出，"他人之词，词才也；少游，词心也。"以为虽子瞻之明俊，耆卿之幽秀，亦有所不及。所谓词才，是指对于词的体性的精深把握与娴熟驾驭，而词心却是很难用语言描述的一个概念。大抵说来，词心是一种幽怨悱恻不能自已的情思，唯有深刻领略绝望的滋味的人，才是真词人，才是有词心的词人。《淮海居士长短句》情溢于辞，一往而深，这是由少游的性情决定的。

少游词以情致见长。女词人李清照说他的词，"专主情致，而少故实，譬如贫家美女，虽极妍丽丰逸，而终乏富贵态。"大意是说少游词情感浓挚动人，可惜很少运用典故及化用前贤诗句，这样词就不够典雅。兹说未免过求，少游的长处，正在其通俗而不庸俗，真正做到了文学最难的境界——雅俗共赏。

八六子

倚危亭。恨如芳草，萋萋刬（chǎn）尽还生。念柳外青骢别后，水边红袂分时，怆然暗惊。　无端天与娉婷。夜月一帘幽梦，春风十里柔情。怎奈向、欢娱渐随流水，素弦声断，翠绡香减，那（nuó）堪片片飞花弄晚，濛濛残雨笼晴。正销凝。黄鹂又啼数声。

这是一首写别意的词。开头“倚危亭。恨如芳草，萋萋刬尽还生”三句，神来之笔。斜阳、芳草、长亭、王孙，这些本来都是与别意相关的文化意象，词人却寻找到芳草与别恨之间幽微隐约的特殊联系——别恨就像是萋萋芳草，刬尽了，还会再生长出来。堪称人人心中所有，而人人口中所无。下片“夜月一帘幽梦，春风十里柔情”是千古名句，化用了唐代诗人杜牧的诗意“春风十里扬州路”，深情眷眷，婉丽中含着幽峭。一结“正销凝。黄鹂又啼数声”学的是杜牧《八六子》结句“正消魂。梧桐又移翠阴”，而更具轻灵飞动之美。“销凝”是宋词常用语，意谓“销魂、凝望”。词中有柳下辞别、水边分袂的脉脉情愫，有飞花弄晚、残雨笼晴的无奈怅惋，有对一帘幽梦、十里柔情的销魂忆念，情景交炼，意在言外。

满庭芳

山抹微云，天粘衰草，画角声断谯门。暂停征棹，聊共引离尊。多少蓬莱旧事，空回首、烟霭纷纷。斜阳外，寒鸦万点，流水绕孤村。　销魂。当此际，香囊暗解，罗带轻分。谩赢得青楼，薄幸名存。此去何时见也，襟袖上、空惹啼痕。伤情处，高城望断，灯火已黄昏。

这首词是少游的名作。他因此词被称作“山抹微云秦学士”，与“晓风残月柳屯田”齐名。但这首词其实是一首写众人之情的乐府，却不是真正意义的文学。不过，少游天生浓挚得化不开的情感，投射到词中，品格自高，与周邦彦那种寡淡乏情的咏众情之作是很有区别的。

词的开篇，向我们展示了一幅秋日黄昏凄清冷落的画卷，用以映衬别情之惨。“暂停征棹，聊共引离尊”一句，“聊”字特妙，意谓本没有心意，姑且还是安排离筵，饮酒分别吧。“多少蓬莱旧事”用的是《神仙传》中的典故。仙女麻姑说：“接侍以来，已见东海三为桑田。向到蓬莱，水又浅于往者会时略半也。”用这个典故，是喻指相聚日少，欢会易散，至今思之，恍如沧桑巨变。“斜阳外，寒鸦万点，流水绕孤村”，从隋炀帝诗“寒鸦飞数点，流水绕孤村”化出，但少游的改作显然更胜原作，他把原诗静态的图像变成了一种动态的画面，所以尤其感人。

过片以一短韵“销魂”转接。“销魂”用的是江淹《别赋》中的名句：“黯然销魂者，惟别而已矣！”古人分别时，有脱下贴身衣物，解下身上饰物互赠的习俗，这三句写的是分别时脉脉含情的感觉。“谩赢得青楼，薄幸名存”，化自杜牧诗“十年一觉扬州梦，赢得青楼薄幸名”。“谩”是空自、徒然的意思，意谓本无心离别，而不得不行，徒然在青楼姊妹中留下薄幸的坏名声。“此去何时见也，襟袖上、空惹啼痕”，只问不答，备见高明。一结以景语代情语，余味不尽。这首词的每一句，都十分浅，十分淡，但在浅淡中又有哀婉的情致，故而为难。

鹊桥仙

纤云弄巧，飞星传恨，银汉迢迢暗度。金风玉露一相逢，便胜却、人间无数。　柔情似水，佳期如梦，忍顾鹊桥归路。两情若是久长时，又岂在、朝朝暮暮。

这是一首咏七夕节令的名作。七夕是女儿节、乞巧节，传说是日女子备瓜果拜双星，可得手巧。“纤云弄巧”即寓此意。词人借每年七夕，喜鹊填河，牛郎、织女短暂相聚的民间故事，写出他对于爱情深刻的见解。这首词相对于少游的一般之作，多了一层理性的思索，因而词境也就更深婉。词人把牛郎、织女的情感抽绎为人世间所有痴心情侣所共有的情感。“金风玉露一相逢，便胜却、人间无数”，是对真爱挚情的崇高礼赞，更是对人间负心薄幸之辈的有力鞭挞。“两情若是久长时，又岂在、朝朝暮暮”，是情至极致之语，也是彻悟爱情之语。这首词，少游不是用来礼赞牛郎、织女的爱情，而是用来礼赞爱情本身。

钟情之人，用今天的话说，就是情商低的人。少游的情绪易受外物影响而波动，前人笔记已有记载。《诗话总龟》云：

秦少游始作蔡州教授，意谓朝夕便当入馆（指做翰林学士），步青云之上，故作《东风解冻诗》云：“更无舟楫碍，从此百川通。”已而久不召用，作《送张和叔》云：“大梁豪英海，故人满青云。为谢黄叔度，鬓毛今白纷。”谓山谷也。（黄叔度是东汉贤士，此处指代黄庭坚。山谷是庭坚的号。）说者以为意气之盛衰一何容易。

说他“意气之盛衰一何容易”，其实就是批评他情商低下，情绪特别容易受影响，不能自控。

宋代曾敏行《独醒杂志》记载，少游被谪广西藤州，心情怏怏不乐。一次赴衡阳探望他的友人衡阳太守孔毅甫。毅甫款待至诚，但少游还是开心不起来。有一天在太守的公寓饮酒，少游忽动词兴，为毅甫填了一阕《千秋岁》，中有“镜里朱颜改”之语。毅甫以为不祥，忙道：“少游你方当盛年，怎么写出这么悲怆的话来？”遂依原韵和了一首《千秋岁》，词中温意款款，劝解少游。少游留数日别去，孔毅甫把他直送到郊外，又叮咛终日，而少游忧意终不少减。毅甫回到衡阳郡中，与身边人说，少游气貌与平时大大不同，我估计他将不久于人世了。果然，没过多久，少游就在光华亭身化了。

这首《千秋岁》，全词如下：

水边沙外。城郭春寒退。花影乱，莺声碎。飘零疏酒盏，离别宽衣带。人不见，碧云暮合空相对。 忆昔西池会。鹓鹭同飞盖。携手处，今谁在。日边清梦断，镜里朱颜改。春去也，飞红万点愁如海。

词的上片，借叙写眼前景物，引逗出离别之情。“碧云暮合空相对”，化用南朝诗人江淹的名句：“日暮碧云合，佳人殊未来。”意思是想象与孔毅甫分手后，彼此眺望天际，相思无极。过片“西池”指京师名胜金碧池，由贬谪身世，追想当日京洛缁尘，在都中度过的快乐时光。这两句也是对曹植《公宴诗》“清夜游西园，飞盖相追随”的化用。“携手处，今谁在”六字非常有力，是对被斥的蜀党友人的深切思念。“日边清梦断，镜里朱颜改”对仗极工，“日边”指皇帝身边。蜀党诸人，一心为民请命，为君分忧，却遭到重新执政的新党的无情打击，而词人也感到自己的身体在逐渐走下坡路了。一结“春去也，飞红万点愁如海”，天生名隽，情至浓，意至深，与后主的“问君能有几多愁。恰似一江春水向东流”“流水落花春去也，天上人间”同其沆瀣。

以今天科学观点解释，少游自贬谪后，已经得了非常严重的抑郁症，抑郁症是世间最可怕的一种病，得了这种病的人，了无生趣，很难走得出来。他大概也早预料到了自己的生命濒近凋零，曾自作挽诗一首：

婴衅徙穷荒，茹哀与世辞。官来录我橐，吏来验我尸。藤束木皮棺，藁葬路傍陂。家乡在万里，妻子天一涯。孤魂不敢归，惴惴犹在兹。昔忝柱下史，通籍黄金闺。奇祸一朝作，飘零至于斯。弱孤未堪事，返骨定何时。修途缭山海，岂免从阇维。荼毒复荼毒，彼苍那得知。岁晚瘴江急，鸟兽鸣声悲。空蒙寒雨零，惨淡阴风吹。殡宫生苍藓，纸钱挂空枝。无人设薄奠，谁与饭黄缁。亦无挽歌者，空有挽歌辞。

凄厉哀断，不忍卒读。这是抑郁症患者的无奈绝望的最后呼喊，而他一生最钦敬的风义兼师友的东坡，却并不能理解这一点。东坡以为这是少游“齐生死，了物我，戏出此语”，显然对少游内心的恐惧、绝望、黑暗，缺乏同情之了解。这也难怪，东坡的心灵太健康，理解不了抑郁症患者的痛苦。

反而是《苕溪渔隐丛话》的作者胡仔，评价得比较到位：“若太虚者，情钟世味，意恋生理，一经迁谪，不能自释，遂挟忿而作此辞。”意思是少游钟情太甚，他对红尘浊世有过多的眷恋，贬官以后，心结不能自我开解，心怀愤恨，才写出这首自挽辞，哪里是真的能够“齐生死，了物我”呢？胡仔说少游是“挟忿而作”，也是不确的，少游心中倘有愤恨，也就不会抑郁了，他是绝望，连愤恨都不会有的绝望。

情深者必不寿，钟情之人，也不适合官场的文化。有词心的少游，做起官来，当然是“没奈何”。他会对老百姓很好，却绝对不可能被任何一种官僚体制所接纳。这样的人，无论生在哪一个时代，其人生都会是一场悲剧。

淮海词历史上评价很高，如同门晁无咎云："近世以来作者，皆不及秦少游。如'斜阳外，寒鸦万点，流水绕孤村'，即使是不识字的人，也知是天生好言语。"南宋词人张炎则说："秦少游词，体制淡雅，气骨不衰，清丽中不断意脉，咀嚼无滓，久而知味。"都是深到的知味之言。陈师道以为秦词在苏词之上：

> 退之以文为诗，子瞻以诗为词，如教坊雷大使之舞，虽极天下之工，要非本色。今代词手，惟秦七、黄九尔。

雷大使，是宋代教坊艺人雷中庆，他的舞蹈大概走的是阳刚一路，与传统舞伎偏于柔美的舞姿不同。后山（陈师道号）以为，唐诗人韩愈（退之）是用文法来写诗，东坡则是用诗法来填词，虽然风格卓异，却不符合文体本来的体性，只有少游与山谷，才是真正的词家作手。这是非常有见地的说法。

后山还说："苏子瞻词如诗，秦少游诗如词。"这话前半我认同，后半则须当辨正。我们读少游的诗集，集中像"有情芍药含春泪，无力蔷薇卧晓枝"（《春日五首》）那样，被金代诗人元好问嘲笑为"女郎诗"的，其实并不多见。像"宝师本巴蜀，浪迹游淮海。定水湛虚明，戒珠炯圆彩。飘零乡县异，畹晚星霜改。明发又西征，孤帆破烟霭”（《送僧归遂州》）、“向晨结束事长途。利风刮面冰在须。冈穷得水马不进，雾暗失道人相呼。悠悠旁舍见汲井，轧轧隔林闻挽车。游目骋怀自可乐，勿忆乡县增烦纡”（《马上口占》）这样的诗，何尝不是风格遒上？像“预想江天回首处，雪风横急雁声长”（《次韵参寥见别》）、“不将俗物碍天真，北斗已南能几人”（《别子瞻》）、“一代衣冠埋石窆（biǎn），千年风雨锁梅梁”（《谒禹庙》）、“路隔西陵三两水，门临南镇一千峰”（《次韵公辟会蓬莱阁》）、“照海旌幢秋色里，激天鼓吹月明中”（《中秋口号》）、“天上图书森似旧，人间岁月浪如驰”（《寄孙莘老少监》）这样的句子，何尝不是沉雄博丽？少游婉约的词心，掩盖住了他的诗名。吕居仁《童蒙训》谓：“少游过岭后，诗严重高古，自成一家，与旧作不同。”其实，少游本就有沉雄清俊的诗心，只是至热之肠，在遭受打击之后，不能解脱，一变而为冰肠九曲，这是天地阴阳消长的自然之理，实在并不足怪。诗心是生命的宣泄，词心却是生命的消耗，少游从诗心而转词心，是他生命精神的转折，由宣泄而转为消耗，由高蹈而转为抑郁，他也就在剪不断、消不去的幽愁暗恨中，消耗尽生命最后的神采。

回头再看少游的《好事近·梦中作》。这首词与少游一贯的词风绝不相类。词中不再载满怨悱，反而是一派澄澈空明的华严之境。这是一种深刻的心灵暗喻。宋芮处士诗云："人言多技亦多穷。随意文章要底工。淮海秦郎天下士，一生怀抱百忧中。"冯煦《宋六十一家词选序例》说少游与小山一样，都是"古之伤心人"。少游是钟情至极的性子，故一生怀抱百忧，伤心凄绝。钟于情，亦终当为情而死。他执着地按照自己的方式生活在现实世界，与现实世界的尖锐矛盾带给他难以言喻的心灵痛苦，他一生深陷这种痛苦之中，无法解脱，唯有在梦中，才能得到暂时的宽怀，也只能在梦中，才作得出如此华严境界的词作。一旦他不仅在梦中，更在清醒之时，蓦然解脱，得证华严——这是他忽然在藤州与人谈论这首词的原因，支持他生命的一个"情"字也就如土委地，他的生命必然走向消歇。少游的含笑视水而逝，正是他从情孽纠缠的一生得到最终解脱的明证。

莫道不销魂

说李易安

陈寅恪先生《论再生缘》一文，开头就说作者陈端生有『独立之精神，自由之思想』，歌颂这位清代女作家，其实易安一生，同样当得起这十字考语。她在晚年敢于突破礼教，接受张汝舟的求婚，已属难能，在惨遭家暴之后，又懂得利用法律捍卫自己的利益，更是了不起。这是一个超越了时代的独立人格的典范。

繡面芙蓉一笑開斜飛寶鴨襯香腮眼波才動被人猜
一面風情深有韻半箋嬌恨寄幽懷月移花影約重來
尘乙未年處暑於京中

莫道不销魂

——说李易安

文学的本质是人学，丹麦学者勃兰兑斯在他的不朽名著《十九世纪文学主流》一书中说："文学史，就其最深层的意义来说，是一种心理学，研究人的灵魂，是灵魂的历史。"所以，我们在阅读一位作家的作品之时，除了要了解他的生平出处、社会背景，更需要用心去倾听作品背后无声的呼告呻吟，剖析作家的心理症候，感受他或她的灵魂悸动，这样才算是一位合格的读者。历来对女词人李清照的研究，多侧重她的身世与词风，却甚少涉及对其性格底色的深层探讨，这无疑是非常大的缺憾。

李清照，字易安，号漱玉，山东章丘人。父李格非，字文叔，是北宋著名的文士，为文高雅条畅有义味，与苏门诸人关系密切，后亦名登元祐党人碑；母亲王氏，是状元王拱辰孙女。家中浓郁的文化氛围，让易安自幼即徜徉书海，才堪咏絮。元符二年（1099），易安年十八，时为礼部员外郎的父亲把她嫁给吏部侍郎赵挺之的季子，太学生赵明诚。这头婚事在当时可算得门当户对，但徽宗朝赵挺之做了宰相，打压旧党，不遗余力，李格非却因身沦党籍，遭到政治迫害，两家的裂痕越来越大。赵挺之任相职后，易安曾献诗几谏（对长辈委婉而和气的劝告谓之几谏），有“炙手可热心可寒”之语，父李格非遭到迫害后，又给公公上书请救，想以“人间父子情”打动赵挺之，不过，这些对热中权势的赵挺之而言都是徒劳。

易安与赵明诚的婚姻，长期被视作鳒鲽相依的典范。元朝伊世珍《琅嬛记》编造了一个著名的故事：

> 赵明诚幼时，其父将为择妇。明诚昼寝，梦诵一书，觉来唯忆三句云：“言与司合，安上已脱，芝芙草拔。”以告其父，其父为解曰：“汝待得能文词妇也。‘言与司合’是‘词’字，‘安上已脱’是‘女’字，‘芝芙草拔’，是‘之夫’二字，非谓汝为词女之夫乎?”后李翁以女女之，即易安也，果有文章。

宋以后，易安词名藉甚，故《琅嬛记》所载的故事虽然荒诞不经，而词女之说，久已深入人心。人们想到了易安，首先想到的一定是“女词人”这个标签。易安的生理性别造就了她在文学史上的地位，但也局限了人们对她的进一步认知。

杨海明先生说：“李清照之所以受到当时和后世男性文人的赞誉，在一定程度上就是沾了她女性身份的光。”（《唐宋词与人生》）我非常认同这一见解。清代常州词派的理论家周济就认为“闺阁词唯清照最优，究苦无骨”，我的太老师朱庸斋先生赞襄兹说，他在《分春馆词话》卷五中说：“历来对清照词作之评，往往偏高溢美。其词清新流丽，自然中见曲折，然生活面狭隘，闺阁气重，不免近乎纤弱。……后世不少柔靡轻巧之作，与清照流风不无关系。”我们知道，中国文艺的审美旨趣，固然重视阴阳相生相济，但仍是以乾动阳刚为主，易安的词缺乏风骨、偏于柔靡，自风格体性言，是纯然的女性词，固然在当时独树一帜，然而衡诸中国文艺的主流，确实离名家、大家的标准差别辽远。

易安在词坛的地位，是经后世文人的过分推崇而逐渐形成的。不过，宋代对易安的褒评都是基于她的诗文，而非她的曲子词。如胡仔云：“近时妇人，能文词如李易安者，颇多佳句。”这里的文词是“诗古文辞”的“文辞”，指古文、骈文、赋，不是指曲子词。又引《诗说隽永》说：“今代妇人能诗者，前有曾夫人魏，后有易安李。”南宋理学家朱熹云：“本朝妇人能文，只有李易安与魏夫人。李有诗，大略云‘两汉本继绍，新室如赘疣。所以嵇中散，至死薄殷周’云云。中散非汤、武得国，引之以比王莽。如此等语，岂女子所能？”（《朱子语类》卷一百四十）他认为，宋代妇人能文的，只有魏夫人（其丈夫是曾为宰相的曾布）和李易安，但易安除了文章之外，还能诗，且写得不赖。他举的例子是“两汉本继绍，新室如赘疣。所以嵇中散，至死薄殷周”。“嵇中散”是嵇康，他是魏晋时“非汤武而薄周孔”“越名教而任自然”的名士，后为司马氏所杀。嵇康表面上毁弃礼教，实则是真信仰礼教，因为不满司马氏篡权，利用和亵渎礼教，这才非薄汤武革命，以商汤代夏武王伐纣为臣弑其君，挑战儒家传统观念。易安这几句诗的意思是，东汉继承西汉的法统，是政权的合法延续，中间王莽篡汉建立新朝，只是像人皮肤上长了瘊子，不能改变历史正统，嵇康非薄殷商代夏、周朝代商，正因坚持了历史正统观的缘故。易安身亲离乱，其时宋室君臣因靖康之难被掳北上，金人在北方扶植刘豫建立起伪齐政权，易安此诗，或即为此而发。古代女性由于所受教育及参与社会生活的限制，一般来说，诗文不像男性那样萦重家国情怀，易安诗却绝非闺阁之秀，直是文士之豪，这也就难怪朱熹感叹：“如此等语，岂女子所能？”

易安词在当时就受到一些男性读者的猛烈抨击，如王灼在《碧鸡漫志》中虽肯定她的词“能曲折尽人意，轻巧尖新，姿态百出”，却更严厉地批评她“闾巷荒淫之语，肆意落笔。自古搢绅之家能文妇女，未见如此无顾忌也”。这种对易安词的贬抑，基于儒家崇尚雅正的诗教观。在王灼的眼中，易安完全不合于当时社会对女性的形象要求，她在丈夫死后，“再嫁某氏，讼而离之。晚节流荡无归”，虽未深责，不屑之情，溢于言表。

易安词流传至今者已不多，王灼所讲的“无顾忌”之作，可能大都散佚了。从传下来的作品看，以下两首可能有问题：

浣溪沙·春暮

绣面芙蓉一笑开。斜飞宝鸭衬香腮。眼波才动被人猜。　一面风情深有韵，半笺娇恨寄幽怀。月移花影约重来。

雨中花·闺情

素约小腰身。不奈伤春。疏梅影下晚妆新。袅袅娉婷何样似，一缕轻云。　歌巧动朱唇。字字娇嗔。桃花深径一通津。怅望瑶台清夜月，还送归轮。

《浣溪沙》描写了一位女子，她的面庞十分秀美，嫣然一笑，就像芙蓉花开放，背面雕着斜飞的野鸭的镜子，映衬着她的香腮。她的眼波很能勾魂，才一转盼，就惹动了男子的心事。“一面风情深有韵”是说她画着齐整的妆容，带着无以言说的风情，把对情郎的思念与嗔怨，写在了笺纸上，约情郎在夜半时分重来相会。

这首词我认为是易安闺中读唐代诗人元稹《莺莺传》传奇而写的，词中的女主人公，应该就是那位与张生私通的崔莺莺小姐。在礼教森严的时代，一位大家闺秀却去写词赞颂男女淫奔私媾，卫道士们当然要大摇其头了。

《雨中花》则是讲了一位歌伎的身世。上片说这位歌伎用一束素（一种白色的丝织品）紧紧束住了腰，使腰身显得特别纤细，仿佛娇弱到不能承受春天逝去所带来的惆怅。她的新妆在疏梅影下显得特别动人，她行步时袅袅娉婷，仿佛一缕轻云。下片是说这位歌伎轻启娇唇，曼声歌唱，一下子吸引了某个男子，于是二人有了一段短暂的露水姻缘。然而这种感情不可能长久，终于到了要分手的时候，歌伎只能怅望秋月，送郎归去。“桃花深径一通津”，用东汉刘晨、阮肇入天台遇女仙之典，比喻男女欢会。

这首词所触及的题材，毫无疑问在当时只能是男性的特权。易安以一女子而写这样的词作，无怪乎受到王灼之讥。

即使没有这些“无顾忌”的词，易安词也有着与当时的标准淑女不一样的气息。后者可以魏夫人为代表。我们来看魏夫人的两首《菩萨蛮》：

> 溪山掩映斜阳里。楼台影动鸳鸯起。隔岸两三家。出墙红杏花。　绿杨堤下路。早晚溪边去。三见柳绵飞。离人犹未归。

> 红楼斜倚连溪曲。楼前溪水凝寒玉。荡漾木兰船。船中人少年。　荷花娇欲语。笑入鸳鸯浦。波上暝烟低。菱歌月下归。

二词高华典重，含蓄蕴藉，如果谁要对这样的词作点评，大抵可以用上“贞静专一，《卷耳》之遗”这一类的话。(《卷耳》是《诗经》中的一首，古人认为是周文王的后妃怀念他所作。)而易安词名作如：

如梦令

昨夜雨疏风骤。浓睡不消残酒。试问卷帘人，却道海棠依旧。知否。知否。应是绿肥红瘦。

醉花阴

薄雾浓云愁永昼。瑞脑消金兽。佳节又重阳，玉枕纱厨，半夜凉初透。 东篱把酒黄昏后。有暗香盈袖。莫道不消魂，帘卷西风，人比黄花瘦。

写得更通俗，词中的情感更加直露，隐约透露出一种疏狂，一种难以言说的不安分，与魏夫人词作气息迥异。下面这首《一剪梅》：

红藕香残玉簟秋。轻解罗裳，独上兰舟。云中谁寄锦书来，雁字回时，月满西楼。 花自飘零水自流。一种相思，两处闲愁。此情无计可消除，才下眉头，却上心头。

造假惯犯伊世珍说此词作于赵李新婚未久，赵明诚到外地求学，易安作此词寄之，催他归来。我认为这首词应该是易安的“赋得体”，她只是围绕着“别情”这一主旨，写了一首供人唱的流行歌曲，未必实有其事。但易安才华高绝，“才下眉头，却上心头”二句尖新夺目，遂亦成名作。

仅从上举三词看，我们就得认同清末大学者沈曾植的见解：“易安跌宕昭彰，气调极类少游，刻挚且兼山谷，篇章惜少，不过窥豹一斑。闺房之秀，固文士之豪也。”这提醒我们，对易安的性格分析，不能局限于她的女性身份。我认为她在心理上有非常明显的双性化倾向，甚至男性心理还要占到压倒性的优势。也就是说，自心理性别言之，易安实为男性。心理性别为男性的人，其性心理表现为主动进攻型，以占有征服为目的，而心理性别为女性的人，其性心理是矜持的、接纳的，易安词的“无顾忌”，也必须从她的心理性别上去解释。

易安的晚年生活十分凄惨，改嫁过一次，却所托非人，后来又经官司讼离，遂致名誉遭玷，为人所不齿。《苕溪渔隐丛话》记载：“易安再适张汝舟，未几反目，有《启事》与綦处厚云：‘猥以桑榆之晚景，配兹驵（zǎng）侩之下材。’传者无不笑之。”所谓驵侩，是指马匹交易人，引申指市侩，“猥以桑榆之晚景，配兹驵侩之下材”二句对仗很工，但在旁人看来，你都已经是桑榆暮景的老太太了，还不肯守节，要去嫁人，你自己饥不择食，找了这么个粗鄙的市侩，又能怪谁呢？王灼讥刺她“晚节流荡无归”，代表了时人对易安晚年的看法。到了清代，有俞正燮者，著《易安居士事辑》为李清照辩护，认为有嫉恶易安之才的小人改窜易安与綦崇礼（字处厚）的谢启（一种古代文体，要求用骈文写），本无再适张汝舟事；又据年份考之，谓易安时年已过五十，怎么还可能守不住节而改嫁呢？俞老先生不懂得，易安的心理性别是男性，她才没有把自己定位成淑女呢！

易安的心理性别既是男性，就会时时流露出特别好胜的性格。她在《金石录后序》中回忆了她和赵明诚曾有过的短暂的幸福时光：

> 每饭罢，坐归来堂烹茶，指堆积书史，言某事在某书某卷第几叶第几行，以中否角胜负，为饮茶先后，中即举杯大笑，或至茶覆怀中，反不得饮而起。

清代词人纳兰性德作《浣溪沙》词追悼亡妇，有“赌书消得泼茶香”之语，即用这个故事。但我以为这样的生活剪影，在易安以为乐，在赵明诚却可能适以为苦。据周煇《清波杂志》所载：“顷见易安族人言，明诚在建康日，易安每值天大雪，即顶笠披蓑，循城远览以寻诗，得句必邀其夫赓和，明诚每苦之也。”这样文士气的生活情趣，与争强好胜的性格，都是纯然男性化的。当代有学者认为，细读易安这篇回忆录性质的《金石录后序》，可以看出赵明诚对妻子逐渐冷淡，他对文物收藏的狂热远远超过对易安的爱，其实两个人的情感纠葛从来就不是单方面的责任，易安身为女子，其心理性别却是男性，这种矛盾决定了她和赵明诚不可能有真正幸福的婚姻。

易安又爱下双陆棋（又名打马），还专门写了《打马赋》《打马图序》，谈到，所谓赌博只不过是力求争先，所以一心求胜者，就能取得最终胜利。她自承性格就是一心求胜，所以凡是赌博一类的东西都非常爱好。在古代诗人当中，生命力极其旺盛、好色如命的清代大诗人龚自珍就同样耽于赌博。

易安曾写有一篇论词的文字，词中名家如柳永、张先、宋祁、晏殊、欧阳修、苏轼、王安石、曾巩、晏几道、黄庭坚、秦观，几乎都被易安一笔抹倒，《苕溪渔隐丛话》的作者胡仔看不下去了，说韩愈《调张籍》诗中的名句“蚍蜉撼大树，可笑不自量”，就是为易安这样的人写的。胡仔不明白，易安潜意识里，从来就没把自己当作女人。

易安虚岁五十二岁作《金石录后序》，追忆往事，颇多感慨。结尾慨叹：“噫！余自少陆机作赋之二年，至过蘧瑗知非之两岁，三十四年之间，忧患得失，何其多也！”陆机作《文赋》时是二十岁，蘧伯玉曾说过一句很有名的话：“吾五十而知四十九而非。”易安这句话不仅是说自己从十八岁归赵明诚，至今三十四年，已经五十二岁了，也含有知前事皆非的悔恨。我觉得更有意味的是，易安不去类比古代的贤女子，而是把自己与陆机、蘧伯玉这些文豪贤士相比，可见她在心理上是把自己定义为男性的。

我们再看她的这首《渔家傲》：

天接云涛连晓雾。星河欲转千帆舞。仿佛梦魂归帝所。闻天语。殷勤问我归何处。　我报路长嗟日暮。学诗谩有惊人句。九万里风鹏正举。风休住。蓬舟吹取三山去。

词的上片，先描绘了一幅梦中情景，她所梦见的是“天接云涛连晓雾。星河欲转千帆舞”，气势磅礴，非比寻常。梦中她的魂魄扶摇直上，到了天帝的居所，她听到天帝殷勤的询问，问她要到哪里去呢？在词的下片，易安回答天帝：我想成为一名大诗人，无奈道路修阻，时不待人，徒然写出一些惊人之句罢了。希望那托起大鹏，让大鹏南飞九万里的罡风，也吹着自己乘坐的小舟，吹向蓬莱、方丈、瀛洲这三座海外仙山去吧！

这首词作于她很年轻的时候，词中见不到一点女性的色彩，完全是“文士之豪”的想法，可知易安决非搓酥滴粉之辈可比。

而易安的确长于诗赋，堪与当时名家争雄逐鹿。德国哲学家尼采认为，文艺的创造力与性欲是同一种力，因此写诗本身是性欲的发抒。而女性在性心理上是偏于顺从，偏于接纳，偏于被动的，所以从古以来，女性泰半写不好诗。易安的诗，成就非常高，令人耳目一新，完全看不出来是女性的文学。像她的名句：“南渡衣冠欠王导，北来消息少刘琨”“南游尚觉吴江冷，北狩应悲易水寒”，都是大声镗鞳、洋溢着高昂的家国情怀的佳句。

而这一首著名的绝句：

生当作人杰，死亦为鬼雄。

至今思项羽，不肯过江东。

同样是男性心理的显露。此诗有可能是讥刺赵明诚的胆怯孱头。在易安四十五岁时，赵明诚担任江宁府知府，狱营统制官王亦叛乱，有人预先得了消息，要赵明诚提防，赵明诚压根没做任何准备，反而用绳子缒下城墙偷偷逃跑了。这事在易安看来，实在是一件奇耻大辱，她的内心，可比赵明诚更像一个男子汉。

易安诗沉雄清健，甚至一般女性作家无以措手的五古、七古大篇，她都掉转如意。唐代诗人元结，在元和年间写了一篇《浯溪中兴碑》，内容是歌颂国家经过安史之乱后的中兴，北宋诗人张耒（字文潜）写了一首《浯溪中兴颂诗》，很多人去和，易安也写了《浯溪中兴颂诗和张文潜二首》，她的和诗，在所有和作中，首屈一指。你看这样的句子：

五十年功如电扫。华清花柳咸阳草。五坊供奉斗鸡儿，酒肉堆中不知老。胡兵忽自天上来，逆胡亦是奸雄才。勤政楼前走胡马，珠翠踏尽香尘埃。何为出战辄披靡。传置荔枝多马死。尧功舜德本如天，安用区区纪文字。著碑铭德真陋哉。乃令神鬼磨山崖。子仪光弼不自猜。天心悔祸人心开。夏商有鉴当深戒。简策汗青今具在。君不见当时张说最多机，虽生已被姚崇卖。

写得是何等的气势雄浑，一泻直下！

又如：

> 君不见惊人废兴传天宝。中兴碑上今生草。不知负国有奸雄，但说成功尊国老。谁令妃子天上来。虢秦韩国皆天才。花桑羯鼓玉方响，春风不敢生尘埃。姓名谁复知安史。健儿猛将安眠死。去天尺五抱瓮峰，峰头凿出开元字。时移势去真可哀。奸人心丑深如崖。西蜀万里尚能反，南内一闭何时开。可怜孝德如天大。反使将军称好在。呜呼奴辈乃不能道辅国用事张后尊，乃能念春荠长安作斤卖。

句法又是何等的纵横恣肆，飞沉多姿？

易安的诗力笔致以沉雄为主，她的诗完全是男性化的。二十世纪最优秀的女词人沈祖棻，朱光潜先生将其誉为“易安而后见斯人”，但沈词实远在易安之上。然而沈氏的诗，却幼稚拙劣，不堪卒读。何以故？这正是因为易安以男性心理为诗，沈氏以女性心理为诗。譬如唱京剧，当代唱老旦最好的演员是李鸣岩女士，她学的是老旦宗师李多奎先生的声腔，所以才好，而赵葆秀、袁慧琴这些人，是用女性的声腔唱老旦，内行是听不进去的。

易安五古尤其写得当行出色。如《上枢密韩公诗》：

> 三年夏六月，天子视朝久。凝旒望南云，垂衣思

北狩。如闻帝若曰，岳牧与群后。贤宁无半千，运已过阳九。勿勒燕然铭，勿种金城柳。岂无纯孝臣，识此霜露悲。何必羹舍肉，便可车载脂。土地非所惜，玉帛如尘泥。谁当可将命，币厚辞益卑。四岳佥曰俞，臣下帝所知。中朝第一人，春官有昌黎。身为百夫特，行足万人师。嘉祐与建中，为政有皋夔。匈奴畏王商，吐蕃尊子仪。夷狄已破胆，将命公所宜。公拜手稽首，受命白玉墀。曰臣敢辞难，此亦何等时。家人安足谋，妻子不必辞。愿奉天地灵，愿奉宗庙威。径持紫泥诏，直入黄龙城。单于定稽颡，侍子当来迎。仁君方恃信，狂生休请缨。或取犬马血，与结天日盟。

此诗文字，全从杜甫的五古学来，这种以文为诗的写法，从老杜、韩愈到李商隐，一路下来，讲究的是如凿石作碑，字字重大，实为五古正宗。除了易安，我还不曾见第二位女诗人能写出这样的风格。不要说女诗人，男性诗人能写得如此沉雄的也是非常少的。易安有一首《蝶恋花》词：

暖雨晴风初破冻。柳眼梅腮，已觉春心动。酒意诗情谁与共。泪融残粉花钿重。　乍试夹衫金缕缝。山枕斜攲，枕损钗头凤。独抱浓愁无好梦。夜阑犹剪灯花弄。

清代大诗人王士禛曾有和作，云：

凉夜沉沉花漏冻。攲枕无眠，渐听荒鸡动。此际闲愁郎不共。月移窗罅春寒重。　忆共锦衾无半缝。郎似桐花，妾似桐花凤。往事迢迢徒入梦。银筝断续连珠弄。

王士禛的和作，比原作更加深婉高华，隐有出蓝之势，但如果让他去和易安的诗，他是作不出来的。

易安于诗词外，兼能文章，这在女性作家中就更罕见了。她的骈文在当时就很有时誉。赵明诚去世后，她写了《祭赵湖州文》（因赵明诚曾任湖州知州）悼念，中有二句曰：“白日正中，叹庞翁之机捷；坚城自堕，怜杞妇之悲深。”当时人就颂扬说这是“妇人四六之工者”。

四六是骈体文的别称，是介于文与诗之间的一种独特文体，讲究用典对仗，精切工整。“白日”句典出宋代释道原《景德传灯录》卷八：襄州居士庞蕴将入灭，令其女灵照观日之早晚来报。其女回报说“日已中矣，而有蚀也”。待父出门观看时，其女“即登父坐，合掌而亡”。父见其状，夸其女“锋捷”。庞延至七日之后乃亡。这是一个孝女为父亲延命，甘愿牺牲自己的故事。“坚城”句典出刘向《说苑·善说篇》：“昔华舟杞梁战而死，其妻悲之，向城而哭，隅为之崩，城为之阤（zhì）。”两句合观，意为你正当盛年而殁，死得怎么这么早，都等不及我为你牺牲而延长你的寿命；我悲痛得就像华舟杞梁的妻子一样，也会把城墙哭塌。易安确是骈体文的行家。

其《打马赋》即博戏小道而征典引文，铺叙张皇，可以看出李清照对经史均有很深的造诣。此文除文字雄赡华美，更饶有深思。乱曰：“佛狸（北魏太武帝拓跋焘小字）定见卯年死。贵贱纷纷尚流徙。满眼骅骝及騄駬。时危安得真致此。木兰横戈好女子。老矣不复志千里。但愿相将过淮水。”感慨时局，殷殷魏阙之思，可见李清照完全把自己看成是士人，而非名媛淑女。更不要说《金石录后序》放在文章大家作手如林的宋代，厕身唐宋八大家名文之间，其文字之渊雅、情感之感均颃艳，毫无愧色了。

易安晚年，漂沦在杭州、越州、台（tāi）州、金华之间。她与张汝舟有过一段短暂的婚姻，这段婚姻，在张汝舟是意存欺骗，在易安则是孤寂无依，想找个男人依靠，当然多少也有对前一段婚姻的怨恨在，于是草率成婚。婚后二人在思想境界、才华天分、知识背景诸方面，差别悬远，易安自然对张汝舟心生厌弃，而张汝舟则对易安饱以老拳。易安惨遭家暴，痛诉无门，最后发现张汝舟之所以能做官，是靠履历造假，遂向朝廷告发，终将张汝舟治罪。但是，妻子告丈夫在古代是有罪的，所以易安也进了监狱，最后得到亲戚綦处厚的帮助，才终于出狱。

儒家有一基本原则：“刑不上大夫，礼不下庶人。”“刑不上大夫”是说大夫有死罪可以让他自尽，为他保留最后的尊严；“礼不下庶人”是说不要去苛求底层的老百姓守礼。礼，是对士大夫阶层的要求。是故宋时虽然民间寡妇再嫁之事稀松平常，但因易安系出名门，夫家也是望族，世人对她的名节就看得十分郑重，她之再嫁，当然不为时论所容。但这正是因为她性情上不以女子自居之故。陈寅恪先生《论再生缘》一文，开头就说作者陈端生有“独立之精神，自由之思想”，歌颂这位清代女作家，其实易安一生，同样当得起这十字考语。她在晚年敢于突破礼教，接受张汝舟的求婚，已属难能，在惨遭家暴之后，又懂得利用法律捍卫自己的利益，更是了不起。这是一个超越了时代的独立人格的典范。

也正因为此，她既不见容于世，亦不见容于其同性。陆游《夫人孙氏墓志铭》称颂妻子孙氏才十几岁，就已是端静贤淑的淑女，易安很喜欢她的聪明，想以文辞之学传授给她，孙氏却想也不想就拒绝了，理由是“才藻非女子事也”。可是，这位淑女的命运又是怎样的呢？她需要一辈子容忍陆游心里想着他的表妹唐婉，她就算再怎样贤淑，换来的也只是陆游的同情与尊敬，却换不来真爱。

易安晚年饱更忧患，词境亦为之一变，不徒以婉丽为宗，更多了一些沉郁。《声声慢》云：

寻寻觅觅，冷冷清清，凄凄惨惨戚戚。乍暖还寒，时候最难将息。三杯两盏淡酒，怎敌他、晚来风急。雁过也，正伤心，却是旧时相识。　满地黄花堆积。憔悴损、如今有谁堪摘。守着窗儿，独自怎生得黑。梧桐更兼细雨，到黄昏、点点滴滴。这次第，怎一个、愁字了得。

前十四字，“寻”“清”“凄”“戚”都是尖字，念作sún、cīng、cī、ciè，与“觅”“冷”“惨”一样，声母都在唇齿间发音，更烘托出女主人公内心的愁苦嗫嚅。(用夏承焘先生说)“守着窗儿，独自怎生得黑”一句，前人说这个“黑”字不许其他人押，只有易安才能把这么俗的字押得这么雅。这就是扫俗为雅，是文学当中最高明的技法之一。全词明白如话，而又低沉压抑，令人不忍卒听。

易安的压卷之作，我以为是这首《永遇乐》：

落日熔金，暮云合璧，人在何处。染柳烟浓，吹梅笛怨，春意知几许。元宵佳节，融和天气，次第岂无风雨。来相召、香车宝马，谢他酒朋诗侣。　中州盛日，闺门多暇（xià），记得偏重三五。铺翠冠儿，捻金雪柳，簇带争济楚。如今憔悴，风鬟雾鬓，怕见夜间出去。不如向、帘儿底下，听人笑语。

此词殆作于她晚年漂泊浙江之时，写的是元宵节众人皆欢，而独凄凉苦闷的心情。“落日熔金，暮云合璧，人在何处”三句，就已见出易安实是调配色彩的大家，她用夕阳的绚烂、晚云烘月的景象，映衬着人物的孤独彷徨。“染柳烟浓，吹梅笛怨，春意知几许”三句，堪称惜墨如金，既写出了春意渐浓，杨柳发、梅花落的景致，更落实到一个“怨”字，微露心情。元宵佳节，天气融和，诗朋酒侣驾着珍贵的名马，坐着香车来召邀玩赏，可是词人却以“这时候（次第）难道不会有风雨吗”婉拒了。为什么呢？词人想起的是汴梁城还未被金人攻陷，人民习于太平，闺中的朋友也都不乏闲暇时光，特别重视元宵佳节。大家有的戴上铺上翠鸟羽毛的帽子，有的把用金箔碾成的雪柳枝插在头上，一个个像仙人一样，打扮得齐齐整整的，那是多么开心、多么美好的回忆！可是现在，词人却觉得自己像唐传奇《柳毅传书》故事中被迫牧羊的龙女，花容憔悴，风鬟雾鬓，生怕在夜间出去吓到人。还不如到帘子底下，听着大家谈笑，分享一点他们的快乐吧！

这首词用语平淡，却偏饶惊心动魄之致，能以淡语写深情，才愈加感人。不过，这类精品，在她的作品中比例是不高的。

当代学者胡河清先生曾提出一个观点，说天才人物往往体现出“双性化”的特征，少游如是，易安更是如是。易安在深沉心理结构上，主要体现为男性的豪放刚健、富冒险精神——那多半是出诸天性，只是稍稍呈出女性的清丽婉约——那大抵是社会对她的角色塑造。如果没有靖康之难，李清照的“无顾忌”的男性心理特征，也注定她的婚姻、她的整个人生是一场悲剧，因为，这一自由奔放的灵魂，必定会与要求女性柔顺谦卑的社会产生激烈冲突。远远超前于时代，却又单枪匹马、孤立无援的她，最终难免被时代碾压成齑粉。倘使生于今日，易安可以凭借她的才华学识，振铎上庠，传道授业，或一支健笔，叱咤风云，过独立的有尊严的生活；她可以尽情地恋爱，与很多优秀的男士恋爱，只是不要愚蠢到步入婚姻——她的天性，是绝对不适合婚姻的。易安身后，解赏者稀，她的诗文沉雄博丽，无愧名家，惜识者寥寥，词作大多浅而无骨，却一直被谬加推崇，这是历代男性评论者误判了她的心理性别所致，对易安本人，无疑是极不公平的。然而，在女性真正获得与男性一样的公道对待之前，在社会不再以规定好的心理特征要求女性之前，对易安的这种误读还会一直延续下去。

可惜流年，忧愁风雨

说辛稼轩

稼轩不幸未生在需要开疆拓土的时代，风云才略，无可措用，终其一生，都在与无奈的命运抗争，他的词作，就是他不屈抗争的心灵写照，也因此呈现出他人无法效仿的崇高之美。

布被秋宵夢覺
眼前萬里江山
尘乙未冬夜於京

可惜流年，忧愁风雨

——说辛稼轩

宋钦宗靖康二年（1127）四月，北方女真族政权金国攻破宋都汴梁，掳劫徽、钦二帝北上，同时被掳的还有皇族后宫、大臣名公、乐工巧匠、平民百姓不下十万人，太平百年宋都所积累的财富，也被金人洗掠一空。宋徽宗于被掳路上，作有一阕《燕山亭·北行见杏花》，词中感慨："天遥地远，万水千山，知他故宫何处。怎不思量，除梦里、有时曾去。无据。和梦也、新来不做。"发语凄断，令人肠断气结。金人剥夺了他的一切，甚至包括最后的尊严，亡国之君，欲求一死而不可得，使人思之恻然。

金人掳走徽、钦二帝后，立太宰张邦昌为帝，成立伪政权，国号大楚。张邦昌只做了三十二天伪皇帝，即拥戴康王赵构在应天府（今河南商丘）登极，年号建炎。康王曾在金国为人质，对金人惧若豺虎，遂决意南逃建康（今江苏南京），主战的李纲、宗泽均被他削权投闲。他先以扬州为行在（天子巡行驻跸的地方），又一路南逃，升杭州为临安府，意为临时安顿，其实是想长安于此。金人一路追击，康王直逃到海上，漂泊三十余日，始得脱险。战争延至宋高宗绍兴十一年（1141），宋金双方签订和议：宋向金称臣，由金国策封赵构为皇帝，大散关至淮水以北，土地人民不再为宋所有，宋国每年向金国进贡银二十五万两，绢二十五万匹。从此开启了一百余年偏安苟且的南宋。

在连年的战争中，无论士大夫还是普通老百姓，莫不颠沛流离，受尽苦楚。这是一段血泪交迸的历史，而在这期间涌现出的不少词作，都表现出强烈的民族意识、爱国情怀，感激时事、慷慨悲歌之作，成为时代的最强音。其中健者，则有朱敦儒、陈与义、叶梦得、张元幹、向子諲诸人。

如朱敦儒《水龙吟》词感慨“回首妖氛未扫，问人间、英雄何处”，惋惜自己“奇谋报国，可怜无用，尘昏白羽”，只得“愁敲桂棹，悲吟梁父，泪流如雨”；他眼中的这段历史，“个是一场春梦，长江不住东流”（《临江仙》），他向苍天发问“中原乱。簪缨散。几时收”，最终却是“试倩悲风吹泪、过扬州”（《相见欢》），归于一场恸哭。叶梦得不忿于“边马怨胡笳”，胡人侵占中原，祈盼有一位像谢安一样的英明统帅，“谈笑净胡沙”（《水调歌头·秋色渐将晚》）。张元幹赠胡邦衡、李纲的二首《贺新郎》，更是激越苍凉，气冲牛斗。

然而，这一类被文学史家称为“豪放词”的作品，情感过于直露，词中的意象，都是为了烘托情感而生生拉扯过来的“造境”，令人一览无余，没有可供细品的余味，称不上第一流的词品。更重要的是，这类作品产生于战乱连绵、国破家亡的时代，时代裹胁了每一个人，于是便出现了这些没有个性、只有共性的词作。在乾坤板荡的时局下，个人的自由心灵变得不再重要，词人的哀怨愤激，都不得不附丽于时代，词作难以产生超越时代的艺术价值。而我们知道，真正伟大的作品，一定是超越时代的。

直到辛稼轩横空出世，南宋词坛才有了全新的面目。

稼轩名弃疾，字幼安，出生于山东历城，他出生时，北方已沦陷于异族十三年了。稼轩的祖父辛赞，虽然在金人的统治下做着小官，却心怀大宋，“每退食，辄引臣辈登高望远，指画山河，思投衅而起，以纾君父所不共戴天之愤”（辛弃疾《进美芹十论札子》）。稼轩从他的祖父那里接受了儒家正统思想，他不仅以士大夫名节自勖，更以恢复中原、致君尧舜作为其毕生信仰。稼轩不仅有英雄情怀，更有英雄手段，他的词是英雄之词，与一般文人的词作殊观。

历来说词者多把苏、辛并举，谓为“豪放派”的代表人物，且每以为辛词学自苏词；只有清代周济《宋四家词选》，以稼轩“敛雄心，抗高调，变温婉，成悲凉”，为“领袖一代”之大家，反以苏词附于辛词之下，崇辛抑苏，堪称独具只眼。周济又在《介存斋论词杂著》中比较苏、辛，曰：“稼轩不平之鸣，随处辄发，有英雄语，无学问语，故往往锋颖太露。然其才情富艳，思力果锐，南北两朝，实无其匹，无怪流传之广且久也。世以苏、辛并称，苏之自在处，辛偶能到之；辛之当行处，苏必不能到。二公之词，不可同日语也。”拈出“才情富艳，思力果锐”八字，的是知音，又说“稼轩固是才人，然情至处，后人万不能及”，更是深有味于斯道的卓见。唯稼轩之高卓，不仅在于其沉郁悲凉、耐于寻绎的词味，更在于他是中国历史上罕见的具有古希腊悲剧英雄气质的词人，他的词中，跳跃着的是与古希腊悲剧一样的崇高精神。

悲剧（tragedy）一词，起源于古希腊，本意是“山羊之歌”。古希腊人祭祀酒神狄俄尼索斯，以歌队侑神，所有歌队中人都穿着山羊皮，戴着羊角，装扮成酒神侍从萨提尔的样子，歌颂酒神，后来慢慢发展为代言体的戏剧形式。古希腊悲剧多演神的故事，所谓的悲，不是悲伤之悲，而是悲愤激越之悲，悲剧中激荡着的是强大的生命意志。

悲剧的美学旨趣是崇高。一切悲剧，最终都要带给人以崇高感。大家可能最熟悉的是鲁迅对于悲剧的定义。他说，悲剧是将人生有价值的东西毁灭给人看，喜剧是将那些无价值的撕破给人看。鲁迅的这种看法，其实也不是他的发明。西哲亚里士多德就认为，悲剧要描写比我们高尚、比我们要好的人，而喜剧则是要描写比我们卑贱、比我们要差的那些人。这一说法，并没有把握住悲剧的本质。

我个人最欣赏德国哲学家黑格尔对悲剧的定义。黑格尔说：“在悲剧里，个人通过自己的真诚愿望和性格的片面性来毁灭自己。”悲剧主人公性格的片面性与他的真诚愿望产生冲突之时，他没有选择放弃、逃避、妥协，而是选择了猛锐抗争，殒身不恤，最终，主人公毁灭了自己，却张扬了他的生命意志，在毁灭之火中放出绚烂的光芒。

西方传统上把悲剧区划为命运悲剧与性格悲剧，如古希腊索福克勒斯的《俄狄浦斯王》是命运悲剧，而莎士比亚的名剧《奥赛罗》则是典型的性格悲剧。但天命之谓性，天之所赋，不可改，不可易，性格也是一种命运。面对天命，人不再只是顺从，而是以其强有力的生命意志，勇于抗拒天命，不畏牺牲，展露出人性的高贵庄严，这正是悲剧精神的价值所在。稼轩就正是这样一位悲剧英雄。

古希腊悲剧主人公起先都是神，后来也开始表现有神的血统的英雄人物，他们通常都是勇武过人、才智出众之士。稼轩武艺超群，胆略过人，一生力图恢复中原故地，却不能一骋其志，反而累遭投闲置散。他的人生荒废了将近二十年，原因在于，当时南宋的基本国策是向金国屈膝求容，而非扫平胡氛。“使李将军，遇高皇帝，万户侯何足道哉”（刘克庄《沁园春·梦孚若》），稼轩不幸未生在需要开疆拓土的时代，风云才略，无可措用，终其一生，都在与无奈的命运抗争，他的词作，就是他不屈抗争的心灵写照，也因此呈现出他人无法效仿的崇高之美。

当然，稼轩与西方悲剧主人公不一样的是，他没有像西方的悲剧主人公那样，最终走向毁灭。但实际上，他通过燃烧自己的生命，让生命的余烬化成传之不朽的词作，这是另一种形式的生命毁灭。也正因此，他的词作才尤其动人。

我们对比苏词与辛词，会对稼轩词中的悲剧意识有更深切的感受。他们之间的分别，不是前人所谓的苏才高而辛力大，实以苏之生命精神偏于冲淡，不若辛之生命，如大火烈焰，有悲剧感，有崇高感而已。譬如同是读老、庄，苏、辛二家，亦绝不雷同。东坡是儒释道三教俱完足于心，读庄子，尤深洽于心；稼轩却一生恪守儒学，对道禅虽未明斥，内心终是格格不入。而儒学本就是偏于悲剧情怀的一门学说，孔子被石门晨门称作“知其不可而为之者”，曾子曰“自反而缩，虽千万人吾往矣”，孟子曰舍生取义，都是伟大的悲剧精神。历代儒生，每多杀身成仁、舍生取义之士，他们能在乾坤板荡之际做出猛锐的选择，其实都是从孔子那里继承了悲剧的性格基因。

感皇恩·读庄子闻朱晦庵即世

案上数编书，非庄即老。会说忘言始知道。万言千句，不自能忘堪笑。今朝梅雨霁，青天好。　一壑一丘，轻衫短帽。白发多时故人少。子云何在，应有玄经遗草。江河流日夜，何时了。

朱晦庵是南宋理学家朱熹。当时他的学问已被朝廷宣布为伪学，严禁士子传习，朱熹既殁，门生故旧都不敢去送葬，稼轩却不计个人安危，写了这首词以为吊唁。选择《感皇恩》这个词牌，其实是对皇帝的讽刺。表面看，这首词用到了一些老庄的哲学思想，显得颇有旷达之思，但是词人又说，老庄之学，是要人忘言、忘情，自己却是“不自能忘”，他眷情于故人多已下世（白发多时故人少），他心中的怨苦，便如江河日夜奔流，无有已时。由此可见，稼轩与老庄之学，本质上是格格不入的。

人们往往把苏、辛并称为豪放词人，其实《东坡乐府》中豪放之作满打满算也超不过十首，辛词固不乏粗豪之作，但是与豪放的精神——豪情高纵、满不在乎——并不特别契合。无论对哪一位词人来说，粗豪都不是一个优点，而是一种毛病，只是稼轩才大，使人不觉粗豪为病耳。比如京剧中的麒派，是哑着嗓子唱戏，固然有其浓墨重笔的泼画之美，但哑嗓子终究是毛病，不如高亮窄的老生嗓子受听。如《南乡子·登京口北固亭有怀》：

何处望神州。满眼风光北固楼。千古兴亡多少事，悠悠。不尽长江滚滚流。　年少万兜鍪。坐断东南战未休。天下英雄谁敌手，曹刘。生子当如孙仲谋。

只好算是一篇合韵的史论，却离词心、词味相距辽远。

又如《破阵子·为陈同甫赋壮词以寄之》：

醉里挑灯看剑，梦回吹角连营。八百里分麾下炙，五十弦翻塞外声。沙场秋点兵。　马作的卢飞快，弓如霹雳弦惊。了却君王天下事，赢得生前身后名。可怜白发生。

虽然虎虎生气，终嫌一泻无余，缺乏词味。只是他情感炽热，真力弥漫，方能救粗豪之失，不堕于叫啸一路。

与其说辛词的风格是豪放的，倒不如说辛词是包罗万象的。在稼轩那儿，无一事不可入诸词，生活中猥琐平庸的小事，他都可以写入词里面，且别饶天趣。他又岂但是以诗为词而已，文、赋各体，莫不可入诸词。在他投闲置散将近二十年的漫长岁月里，他更是把词当成排忧遣闷的游戏，以近似于俄罗斯学者巴赫金所谓的"狂欢化"精神去写作。如下面这一首《水龙吟》：

听兮清珮琼瑶些。明兮镜秋毫些。君无去此，流昏涨腻，生蓬蒿些。虎豹甘人，渴而饮汝，宁猿猱些。大而流江海，覆舟如芥，君无助、狂涛些。　路险兮、山高些。愧余独处无聊些。冬槽春盎，归来为我，制松醪些。其外芳芬，团龙片凤，煮云膏些。古人兮既往，嗟余之乐，乐箪瓢些。

此词是稼轩第二次被贬，在江西瓢泉蛰居八年之时所写。词前有小序，曰："用些（suò）语再题瓢泉，歌以饮（yìn）客，声韵甚谐，客为之酹。"所谓"些语"，就是每一句的句末，都用"些"字作为语助词。"些"字是楚方言，楚辞的名篇《招魂》中，就以此字作为句末语助词。这首词的真正的韵脚，是"些"字前面的那些字：瑶、毫、蒿、猱、涛……这样的词，既不是言志之作，也非缘情而发，它只是在表达一种谐趣，大约从俳谐文发展而来，是十足十的游戏笔墨。

复如《沁园春·将止酒，戒酒杯使勿近》：

> 杯汝来前，老子今朝，点检形骸。甚长年抱渴，咽如焦釜；于今喜睡，气似奔雷。汝说刘伶，古今达者，醉后何妨死便埋。浑如此，叹汝于知己，真少恩哉。　更凭歌舞为媒。算合作平居鸩毒猜。况怨无大小，生于所爱；物无美恶，过则为灾。与汝成言，勿留亟退，吾力犹能肆汝杯。杯再拜，道麾之即去，招则须来。

这首词把酒杯给拟人化了，词人絮絮叨叨，列数对酒杯的不满，疏狂之态可掬，诙谐之致可喜。虽然它绝非文学，缺乏文学应有的感人的力量，但也算拓宇开疆，为词之一体的发展做出了贡献。稼轩写这类词是因为他满腔的精力无法宣泄，无聊到极点，只好把文字当作游戏。

幸好稼轩不是只有这样的作品。辛词之佳妙，不在其"横放杰出"（晁无咎评苏轼词之语），粗豪跌宕，不在其"横竖烂漫"（刘辰翁《辛稼轩词序》），无一事不可入词，而在其常能婉丽妩媚，却又风骨凛然。他集中佳作，总是那样冷艳而凄厉，如子归啼血，嫠妇夜起，在沉郁的况味中蕴藏着悲剧性的崇高。

青玉案·元夕

> 东风夜放花千树。更吹落、星如雨。宝马雕车香满路。凤箫声动，玉壶光转，一夜鱼龙舞。　蛾儿雪柳黄金缕。笑语盈盈暗香去。众里寻他千百度。蓦然回首，那人却在，灯火阑珊处。

元夕即元宵，农历的正月十五，是中国古代城市不行宵禁，男女自由约会的日子。这首词上片先以“东风”三句，写出元宵灯市迷离惝恍之美，再承以“宝马雕车香满路”，极写人流繁密。“凤箫声动”是说春色渐近，古人诗句中，凡涉“凤箫”一词，多在春日；“玉壶”则是用以滴水计时的滴漏壶，“玉壶光转”，是说时光在玉壶滴沥的水声中悄悄流逝。一夜之中，各种形制的花灯纷纷披呈，仿佛鱼龙戏舞，千奇百怪。上片的风格，是十分峭直的。

过片承“元夕”之题，写词人遇见一位绝色佳人，她的头上插着美丽的头饰，笑语盈盈，从身边走过，空气中还留着她身体的幽香。词人很想与之交言，却到处觅不着她的踪影，不期然地回首一瞥，却见到她正在灯火零落将尽的所在，悄然站立。“众里寻他千百度”的“度”，是宋时方言，今天广东话依然保留，意即“处所”。相对于上片的峭直，下片风格转为婉丽深沉。

这是一首有寄托的作品。稼轩把自己与这位佳人的关系，比喻为与皇帝的君臣遇合。他渴望获得朝廷的信任，好让他披甲沙场，恢复中原。然而，心中的“她”却终是可望而不可即。但在读者读来，并不觉凄婉，便因词人有着“众里寻他千百度”的执着情怀，这是与命运抗争的悲剧精神，词的风骨也正因此而得以呈现。

菩萨蛮·书江西造口壁

郁孤台下清江水。中间多少行人泪。西北望长安。可怜无数山。　青山遮不住。毕竟东流去。江晚正愁予。山深闻鹧鸪。

这是一首借登山临水而吊古伤今的名作。郁孤台建在赣州以北贺兰山顶，以山势高阜、郁然孤峙而得名。据罗大经《鹤林玉露》卷三：“吉州吉水县，江滨有石材庙。隆佑太后避虏，御舟泊庙下，一夕，梦神告曰：‘速行，虏至矣！’太后惊寤，即命发舟指章贡。虏果蹑其后，追至造口，不及而还。”稼轩即因此史实而生感慨。

词的上片，先写往来登临郁孤台之人，心怀忠愤，感慨当日金人险些追及隆佑太后的奇耻大辱，不由得泪水溅入清碧的江水之中。江水奔流不尽，而行人的伤心之泪，也横流无尽。登台向西北望去，哪里能见到故都汴梁？只见重重叠叠的山，遮住了望眼。隐喻故都已沦于金人之手。过片承上“可怜无数山”顶针写下去，“青山遮不住。毕竟东流去”二句，表面上是讲赣江之水不为青山所阻，滔滔不息，奔流到海，实际上是说神州贵胄，虽遭一时折辱，终当重新奋起。然而，朝廷终无恢复中原之志，词人心中本已积郁难开，更何况听到深山中鹧鸪的哀叫？无限哀凉心事，自然尽在不言中了。鹧鸪似山鸡而体型较小，其叫声像是在说“行不得也哥哥”。山中何鸟不鸣？词人偏说听着鹧鸪啼，是说恢复之事行不得，意蕴极为深长。

清平乐·独宿博山王氏庵

绕床饥鼠。蝙蝠翻灯舞。屋上松风吹急雨。破纸窗间自语。　平生塞北江南。归来华发苍颜。布被秋宵梦觉，眼前万里江山。

此词音节繁密，急如擂鼓，沉郁之至，而又崇高之至。词人行经博山（今江西省上饶市广丰县洋口镇博山村）一带，在一户王姓人家投宿；庵，圆形的草屋。词的上片，描写宿所的简敝：老鼠觅不着食物，夜中绕着床铺活动；门窗残破，蝙蝠飞入屋中，围着灯火翻飞；大风吹着屋顶上的松树，松叶摇得沙沙响，仿佛是一阵骤雨；糊在窗棂上的窗纸，也已残破不堪，发出低喃的声响，如同有人在絮絮自语。在这样的环境下，词人的心境是沉郁的、哀凉的，他自然地点检平生心事，想起自己一生志在恢复中原，少年时受祖父所命，入燕京应举，以刺探敌人虚实，后来南渡投宋，终不能一骋其志，年华虚度，只落得头发花白，容颜苍老。但结二句陡然振起，谓秋夜梦回，仍时时以天下江山为念。这种造次颠沛，不离于仁的悲剧情怀，与词人的生命相始终，展现出崇高之壮美，也是稼轩词最能动摇人心的地方。

稼轩是在沦陷区起义投奔大宋的。宋高宗绍兴辛巳(1161)，金主完颜亮读了柳永的《望海潮》词，欣然有慕于江南之三秋桂子，十里荷花，遂兴立马吴山之志。他举大军南侵，却在采石矶被宋军击败。其时完颜雍又在后方政变，登基为帝，侵宋的金人军心不稳，遂发起兵变，杀死了完颜亮。金国内乱让稼轩看到了恢复故土的希望，他结合了二千兵马，举义旗起义，投奔当时有二万兵马、号称天下节度使的耿京，并被封为掌书记。稼轩还说服了另一支义军的首领义端和尚归顺耿京。孰料义端首鼠两端，一天晚上，偷走了耿京的军印逃走，准备投降金人。耿京发现此事大怒，要以军法处置稼轩，稼轩却并不慌张，向耿京要求给他三天时间，必将义端拿获，如事不遂，再来就死未晚，稼轩遂一路向金营追将过去，终于在半途追获了义端和尚。义端自知性命不保，忙对稼轩说："我识君真相，乃青兕也。力能杀人，幸勿杀我。"义端大概善相术，他想挟此秘术乞得不死，稼轩当然没有理他，径斩其首，归报耿京。这一年他才二十二岁。

稼轩被后人称作"辛青兕"，就是因义端说破他的"真相"这件事。他的好友陈亮这样形容他的相貌："眼光有棱，足以照映一世之豪；背胛有负，足以荷载四国之重。”所谓背胛有负，就是说他肩部肌肉发达。稼轩的身材一定非常魁梧壮硕，他更像一位赳赳武夫，而不是文人。他让我想起了清末台湾诗人丘逢甲。逢甲于清廷决定割让台湾后，举黑虎义旗抗日，号“台湾民主国”，尊巡抚唐景崧为大总统，自任副总统兼大元帅，抗日失败后逃回内地，住在梅州蕉岭。其《岭云海日楼诗钞》力大无伦，其人外形也勇武非常，曾被人误会是武进士。实际上丘逢甲自幼文采出众，有神童之誉，是正途进士出身。这样兼资文武的人才，在中国历史上是十分罕见的，他们更像是古希腊的悲剧英雄。

鹧鸪天

有客慨然谈功名，因追念少年时事戏作。

壮岁旌旗拥万夫。锦襜突骑渡江初。燕兵夜娖银胡䩮，汉箭朝飞金仆姑。　追往事，叹今吾。春风不染白髭须。都将万字平戎策，换得东家种树书。

此词记稼轩二十三岁时事。这一年，稼轩劝耿京奉表归宋，既得首肯，遂与另一起义领袖贾瑞同去行在建康诣圣，带回了南宋朝廷的任命书。其时耿京竟为叛将张安国所杀，献于金人。辛弃疾亲将五十骑，夜袭金营，活捉张安国，马不停蹄，昼夜不食，终于押解着叛徒赶到新的行在临安，交给朝廷，斩首于市。

稼轩的韬略智谋勇武，无一非上上之选，实在可以说是有改天换地之能，可是他终于不能一骋其志，这样，他心头的抑郁愤激也就尤其过人。

稼轩归宋以后，一心为天下苍生计，以恢复中原为念，但朝廷只给他通判建康府、司农簿、知滁州、江东安抚司参议官、仓部郎官等内外官职，到前线与金人作战，遥遥无期。这中间，他给宋孝宗上过《美芹十论》，分析敌我情况，提出中肯建议，又曾给丞相虞允文上《九议》，更具体地谈恢复大计，这些主张，都是十分切实可行的，也体现出稼轩对兵事的深刻理解。怎奈有志恢复的宋孝宗和虞允文尽管很重视稼轩，宋孝宗还曾亲自召见他，却终因各方面的阻力，未能把他的主张付诸实践。后来刘克庄、周密这些人都感慨，倘使稼轩的主张能为朝廷所用，历史也许就会改写了。刘克庄、周密的感慨不是无的放矢。稼轩既有卓绝的军事天分，同时又是从沦陷区过来，深稔敌情，他的主张都是切实可行的。

水龙吟·登建康赏心亭

楚天千里清秋，水随天去秋无际。遥岑远目，献愁供恨，玉簪螺髻。落日楼头，断鸿声里，江南游子。把吴钩看了，栏杆拍遍，无人会，登临意。 休说鲈鱼堪鲙，尽西风、季鹰归未。求田问舍，怕应羞见，刘郎才气。可惜流年，忧愁风雨，树犹如此。倩何人唤取，红巾翠袖，揾英雄泪。

这首词是稼轩通判建康府时所作。归宋已经有一些年头了，英雄却无用武之地，登高骋目，无非伤怀，清秋景致，益增哀凉。“楚天”二句，如画泼墨山水，只用淡素的色泽，即刻画出江南的凛然秋意。“遥岑”三句，说的是眼中远处的丘陵，仿佛是歌伎插着玉簪、盘着梳起的发髻，她们唱着无声的歌曲，传递着幽愁暗恨。“落日”三句，以夕阳西下、孤雁唳叫的凄婉，映衬词人客居江南，不得见用的凄凉心绪。自“把吴钩看了”以下，情绪由凄婉顿转激越。吴钩是古代一种弯刀，唐代诗人李贺有诗云：“男儿何不带吴钩。收取关山五十州。”稼轩即暗用此典。意谓，我一心要率兵北伐，收复失地，却无法得到朝廷的支持，只能拍遍栏杆，纵情高唱，以一泄胸中块垒，我的心事，又有谁真的懂得呢？过片情感又是一转。词人投宋后，不能效命沙场，只是做着地方官，不免偶兴归老之志，但他马上自我否定了这种想法。晋代张翰字季鹰，当西风起时，想到家乡松江的鲈鱼莼羹，于是挂冠归隐。稼轩此处反用典故，意思是，不要说家乡的鲈鱼有多美味，西风起时，有几人能如张翰一样决然归隐呢？方当天下扰攘之际，倘使像陈登一样买地买房，我该被刘备那样的英雄所耻笑吧！然而，壮志难酬，年华虚度，人生如在风雨之中，忧愁逼人。晋代大司马桓温，经过金城，看到从前自己做琅琊内史时所种的柳树已有十围（两手合拱）之粗，感慨“木犹如此，人何以堪”。稼轩也是深慨于岁月如流、人情易老，才问道：到哪里去找贴心知己的佳人，为我揩拭英雄之泪呢？红巾翠袖阴柔优美的意象，与英雄悲泪的壮美，形成了很高明的艺术张力，这就是沉郁之境。

稼轩归宋后第一次施展军事才能，是在江西提点刑狱任上“节制诸军，讨捕茶寇”。茶寇是武装暴动的茶商武装。虽能统兵打仗，却不是去打金人，稼轩心中，郁积着不平，前引《菩萨蛮·书江西造口壁》，即作于这一时期。

平定茶寇后，辛由江西提点刑狱差知江陵府，兼湖北安抚，迁知隆兴府（今南昌），兼江西安抚，召为大理少卿，出为湖北转运副使，改湖南转运副使，仕途一帆风顺。但稼轩要的是开赴前线，与金人交战，他心中的怨怼也就越来越深。在由湖北转官湖南时，他写下了下面这首不朽名篇：

摸鱼儿

淳熙己亥，自湖北漕移湖南，同官王正之置酒小山亭，为赋。

更能消、几番风雨。匆匆春又归去。惜春长恨花开早，何况落红无数。春且住。见说道、天涯芳草迷归路。怨春不语。算只有殷勤，画檐蛛网，尽日惹飞絮。长门事，准拟佳期又误。蛾眉曾有人妒。千金纵买相如赋，脉脉此情谁诉。君莫舞。君不见、玉环飞燕皆尘土。闲愁最苦。休去倚危楼，斜阳正在，烟柳断肠处。

词借伤春着笔，而实蕴政治寄托。他用美好的春光比喻宋孝宗上台后一段短暂的力谋恢复、励精图治的政治景象。“画檐蛛网”，喻指主和的朝臣。过片由“长门事”直至“脉脉此情谁诉”，都是用汉武帝的皇后陈阿娇的故事。传说陈阿娇失宠后，以千金请得司马相如写成了《长门赋》，冀以重返君心。词人以陈阿娇自况，“准拟佳期又误”，是说皇帝本来是要支持恢复事业的，最终却又变卦了。“君莫舞。君不见、玉环飞燕皆尘土”是劈空而来的议论。君，指的是席间唱词的歌伎。这三句的意思是，你这位在筵前歌舞的佳人，难道没有看见，即使是杨玉环、赵飞燕那样的倾国之色，也被人视为尘土？词人这话似是对歌伎言，实际是在感慨自己，徒有千里之才，却不得一骋其用。结尾的斜阳，却是喻指皇帝，意谓：不要到高楼上徙倚，皇帝正在那烟柳销魂荡魄的地方宴安享乐呢！

此词梁启超评为“回肠荡气，至于此极。前无古人，后无来者”，谅非虚夸之词。稼轩婉丽的辞藻背后，是一股沛然莫之能御的真气，这正是稼轩词悲剧精神的体现。

据罗大经《鹤林玉露》所载，宋孝宗读到了稼轩的这首词，也读懂了“斜阳烟柳”背后的怨望，却终于没有降罪于他。这以后，稼轩又从湖南转运副使改知潭州（长沙），兼湖南安抚使。到湖南后，稼轩得到朝廷许可，即发展地方武装“飞虎军”，费度巨万。他的作风雷厉风行，事皆力办，有人跟皇帝进言，说辛聚敛，发御前金字牌召他还京，稼轩竟然敢冒天下之大不韪，把金字牌藏起，等飞虎军建成，才把事情原委上复皇帝。此事虽未被孝宗怪罪，但还是引起朝廷的猜忌，不久就调他为两浙西路提点刑狱。

稼轩不但做事雷厉风行，还敢于杀人，在湖北治盗贼，得贼即杀，不复穷究，一时奸盗尽皆屏迹。他的这种杀伐专断的作风，不为当时的士大夫所容，所以很快被监察御史王蔺弹劾，罪状是“用钱为泥沙，杀人如草芥”。因为这个缘故，他在上饶带湖所筑“稼轩”投闲了十年，不被征用。

光宗绍熙三年（1192），稼轩被重新起复，任福建提点刑狱，次年改知福州兼福建安抚使。不到两年，又被谏官劾为“残酷贪饕，奸赃狼藉”，从上饶迁往铅（yán）山，再一次失意。这一回，他度过了痛苦无聊的八年时光。前后十八年，恰恰是一个人最能建功立业的壮盛岁月，却被迫虚掷，稼轩内心的愤忿激越，不难想见。正因此，他的词才尤其显得真力弥漫、元气包举。

贺新郎·别茂嘉十二弟

绿树听鹈鴂。更那堪、鹧鸪声住，杜鹃声切。啼到春归无寻处，苦恨芳菲都歇。算未抵、人间离别。马上琵琶关塞黑，更长门、翠辇辞金阙。看燕燕，送归妾。　将军百战身名裂。向河梁、回头万里，故人长绝。易水萧萧西风冷，满座衣冠似雪。正壮士、悲歌未彻。啼鸟还知如许恨，料不啼、清泪长啼血。谁共我，醉明月。

这首词仿照的是南朝江淹《别赋》的写法，罗列了一堆古人离别之事。上片写昭君出塞、汉武帝皇后陈阿娇失宠辞别汉阙而幽闭长门宫、春秋时卫国夫人庄姜辞别戴妫并赋《燕燕》诗，是怨别；下片写苏武别李陵、燕太子等人送别荆轲秦舞阳，是壮别。上片的怨别，用以烘托下片的壮别，更见壮别的悲壮崇高。如此罗列獭祭，却不使人觉得杂乱无章，便因词中激荡着充沛的悲剧精神，遂能大气包举，到海无尽。

汉宫春·立春日

春已归来，看美人头上，袅袅春幡。无端风雨，未肯收尽余寒。年时燕子，料今宵、梦到西园。浑未办、黄柑荐酒，更传青韭堆盘。　却笑东风从此，便薰梅染柳，更没些闲。闲时又来镜里，转变朱颜。清愁不断，问何人、会解连环。生怕见、花开花落，朝来塞雁先还。

上片“春已归来”三句，是讽刺和议既成，一帮小人以为天下太平，从此无事，一个个打扮得妖妖娆娆，在头上插上彩纸制成的春幡。（唐宋时人们会在立春之日，用彩色的纸或金箔制成小旗子，插在头上，谓之春幡。）可是敌人岂会就此甘休？“无端风雨，未肯收尽余寒”。去年（年时）的燕子尚未归来，今夜应该梦到西园吧？在古诗中，西园多指皇家园林，这里是说，连燕子都在怀念故都的园林，朝廷上下却尽是一帮无心肝之辈。“浑未办、黄柑荐酒，更传青韭堆盘”三句，是说和议定得仓促，很多事务朝廷来不及处置。青韭堆盘，是立春时的风俗，把葱韭等五种辛辣的蔬菜，生切了放在一盘中进食，用以发五脏之气。

下片讲这个小朝廷却从此忘记了国仇家恨，开始粉饰太平。可是这种太平，是以忘记君父之辱、遗民血泪为代价的，它让主战派心中充满难以言表的痛苦。我们的生命在闲中流逝，容颜也渐渐变得苍老。我们心中的愁怨，便如九连环一样，少有人懂得开解，更怕见春来春去，花开花落，一年年过去，从北方塞外之地飞来的大雁，捎带来被囚在五国城的宋徽宗、宋钦宗的遗恨。周济曰：“‘春幡’九字，情景已极不堪。燕子犹记年时好梦，‘黄柑’‘青韭’，极写燕安鸩毒。换头又提动党祸；结用‘雁’与‘燕’激射，却捎带五国城旧恨。辛词之怨，未有甚于此者。”古人作诗，讲究“怨而不怒”，稼轩此词，却是怨而且怒，他的心中积压了太多的不平，愤然而鸣，当然不同凡响。

祝英台近·晚春

宝钗分，桃叶渡。烟柳暗南浦。怕上层楼，十日九风雨。断肠片片飞红，都无人管，倩谁唤、流莺声住。 鬓边觑。试把花卜心期，才簪又重数。罗帐灯昏，呜咽梦中语。是他春带愁来，春归何处。却不解、将愁归去。

朱庸斋先生《分春馆词话》云：“《祝英台近》句语长短错落，必须直行之以气，并用重笔，贯注回荡，始称佳构。试读前人名作，莫不如此。如气势稍弱，则易破碎。稼轩‘宝钗分’一词，六百年间，无人嗣响，至彊村‘掩峰屏’始堪抗手也。”彊村即清末词人朱祖谋，他的《祝英台近》题作“钦州天涯亭梅”，词曰：“掩峰屏，喧石濑，沙外晚阳敛。出意疏香，还斗岁华艳。暄禽啼破清愁，东风不到，早无数、繁枝吹淡。 已凄感。和酒飘上征衣，莓鬟泪千点。老去难攀，黄昏瘴云黯。故山不是无春，荒波哀角，却来凭、天涯阑槛。”彊村忠于清室，睹清之亡，以孤臣孽子之心，写成此词，方能与稼轩并驾。稼轩此词，几成绝调，便因他能运浑瀚之气，驱沉郁之情。

词写伤春之怀，却以情人分钗、桃叶渡江、南浦送别三个意象兴起。钗，是两股簪子合在一起的头饰，分钗，喻指情人分离。桃叶是晋代王献之的小妾，尝渡江，献之为作《桃叶歌》。南浦则典出《楚辞·九歌·河伯》：“子交手兮东行，送美人兮南浦。”以别恨兴起，使全篇都笼罩在一种幽怨的气息中。时当暮春，正是雨横风狂的时节，“怕上层楼，十日九风雨”，则心中之哀怨无聊可知。“断肠片片飞红”，是说每一片飞花的凋零，都增我断肠，下一句则说，谁能叫那流莺讨厌的叫声止住？它只是在声声地催促着春天远离我们。

词的下片，作者以深闺中思妇自比。她心绪不宁，时时把鬓边的花摘下来，一瓣一瓣地数着：他会回来，他不回来，他会回来，他不回来……数了又数，戴上又摘下。夜已深了，灯火已暗，她睡在罗帐之内，呓呓地说着梦话：春天啊，你把希望带给了我，让我终日愁苦，你现在去到哪里了呢，干吗不把我的希望一起带走，好让我再也不要有忧愁？

稼轩自托于香草美人，春天喻指本来颇有恢复之雄心，却终于意气消沉的宋孝宗。人生有痛苦，是因为人有希望，绝望并不会让人痛苦，最让人痛苦的则是，明知是绝望却依然抱有微茫的希望。这首词，沉郁已极，凄厉已极，便因稼轩始终不肯放弃希望的缘故。

稼轩晚年，外戚韩侂（tuō）胄掌权，此人一心想建功立业，却又没有经世治国之才。他想借起用稼轩树立个人威望，于是稼轩得以起复，嘉泰三年（1203）起知绍兴府兼浙东安抚使，四年，知镇江，这一年，稼轩已是六十五岁的老人了。他虽然一心想恢复故土，但深明军事的他，知道以数十年来缺乏训练、装备不足之师，不足以躁进。他打算做长期作战的准备，不料又因举荐不当的细故被调离前线，不久再被加以“好色贪财，淫刑敛聚”的罪名而罢官。

在镇江时，稼轩想到南朝刘宋时，宋文帝刘义隆三次北伐均告失利的史实，于是写了下面这首词，希望韩侂胄不要轻举妄动：

永遇乐·京口北固亭怀古

千古江山，英雄无觅，孙仲谋处。舞榭歌台，风流总被，雨打风吹去。斜阳草树，寻常巷陌，人道寄奴曾住。想当年、金戈铁马，气吞万里如虎。　元嘉草草，封狼居胥，赢得仓皇北顾。四十三年，望中犹记，烽火扬州路。可堪回首，佛狸祠下，一片神鸦社鼓。凭谁问、廉颇老矣，尚能饭否。

这是一篇词体的谏疏，虽然不是好词，但很符合古人“主文而谲谏”的传统。可惜，韩侂胄并未能听从他的意见。开禧二年（1206），韩侂胄仓促北伐，先小胜而后大败，最终为史弥远所害，割了他的脑袋向金人求和。

开禧三年（1207），朝廷对稼轩授以兵部侍郎之职，然而他的生命已经快要走到尽头了。他以身体的原因力辞起复，回到铅山瓢泉别墅，不久病故。

稼轩一生，并没有经历特别的苦难，但悲剧的本质不是苦难——那是惨剧的本质，而是人生愿望与命运的激烈冲突，从这个意义上讲，稼轩的人生是典型的悲剧人生。其人生愿望越强烈，表现在词中的悲剧情怀、崇高境界，也就越宏大，这是稼轩雄视两宋、震耀百世的根源所在。

此地宜有词仙

说姜白石

北宋以来的词家，或以词为小道，只当作是绮筵绣幌、侑歌遣兴的玩意儿，或借之以言志，不暇审律修辞，白石于词，却苦心经营，遣词造语，綦重骚雅，更参以江西诗派的笔法，形成了清刚幽劲的独特风格。他创造了全新的美学境界，只此即已足不朽，更不必说这种美是超越现世、超越时空的，展现出他灵魂的自由与清高。

淮南皓月冷千山 冥々歸去無人管
乙未年秋於京中

此地宜有词仙

——说姜白石

杭州城北，古有东西马塍（chéng），居民以莳花为业，南宋名人，多葬于西马塍。今天东西马塍俱无陈迹以供多情人凭吊，只有一条马塍路，繁忙熙攘，两侧高楼林立，俨如森林。自二十世纪九十年代起，词人魏新河就每年踯躅在马塍路上，想寻觅一位南宋大词人的墓茔。他要找的这位大词人，姓姜名夔字尧章，号白石道人，是词学史上极为重要的人物，开创了幽劲清刚的词风，在婉约、豪放之外，别树宗派，对后世词坛产生了深远的影响。

白石是江西鄱阳人，他的先祖，本来系出甘肃天水，十三世祖姜公辅，已经著籍岭南道爱州日南县（今属越南），曾在唐德宗朝为宰相。七世祖姜泮因任饶州教授，遂迁江西。白石的父亲姜噩，中了绍兴三十年（1160）进士，以新喻丞知汉阳县，汉阳，即白石词中的古沔之地。

白石的人生经历很简单，他没有经历过乾坤板荡、宦海浮沉，终其一生，过的是被无产阶级学者骂为“寄生虫”的清客生活。其作品或登临吊古，或睹物怀人，不依门户，自写其心，潇洒中带着孤高；他的感慨、他的情志，都被巧妙地隐藏在那些气息淳雅的词句背后；他的作品的艺术性，无疑比其思想性更突出。这在中国古典作家中，实在是非常异类的。他的词多以意象组织成篇，不像其他词人那样有明显的理路或情感脉络，他又通音律，能自度曲，作品遂能超越现世，进入更纯粹、更不朽的宇宙，正如南宋末年的大词人张炎所称许的那样："野云孤飞，去留无迹。"（《词源》）

朱庸斋先生指出，白石词"以清逸幽艳之笔调，写一己身世之情"，于豪放婉约之外，别开"幽劲"一路；又说："词至白石遂不能总括为婉约与豪放两派耳。"认为"白石虽脱胎于稼轩，然具南宋词之特点，一洗绮罗香泽、脂粉气息，而成落拓江湖、孤芳自赏之风格。此乃糅合北宋诗风于词中，故骨格挺健，纵有艳词，亦无浓烈脂粉气息，而以清幽出之；至伤时吊古一类，又无粗豪与理究气味，而以峭劲出之。"（《分春馆词话》卷四）这是对白石词的风格及其在词史上的地位做出的精当评价。但朱先生和清末词人周济、陈洵一样，认为白石脱胎于稼轩，兹说我不能赞同。

周济的《宋四家词选》以白石为稼轩附庸，谓"白石脱胎稼轩，变雄健为清刚，变驰骤为疏宕，盖二公皆极热中，故气味吻合"（《宋四家词选序》），指出白石词风有清刚疏宕之姿，诚为卓识，但谓白石像稼轩一样极热中（躁急心热），未免失之已甚。不同于稼轩的霸儒气质，白石更醉心于营造纯粹的灵魂安居所，他对美的追求是超越了道德追求的，这才是白石词最值得注意的地方。

我们且看白石的一篇和稼轩之作《永遇乐·次稼轩北固楼韵》：

云隔迷楼，苔封很石，人向何处。数骑秋烟，一篙寒汐，千古空来去。使君心在，苍崖绿嶂，苦被北门留住。有尊中、酒差可饮，大旗尽绣熊虎。 前身诸葛，来游此地，数语便酬三顾。楼外冥冥，江皋隐隐，认得征西路。中原生聚，神京耆老，南望长淮金鼓。问当时、依依种柳，至今在否。

迷楼在扬州，为隋炀帝所筑，很石在镇江北固山甘露寺，因其形如羊，故而得名。（很是执扭、不听从的意思，羊性执扭，故有“很如羊”的说法。）首三句谓维扬镇江之地，俱被云隔苔封，中兴名将如稼轩者，久不得到此练兵。“数骑秋烟，一篙寒汐，千古空来去”三句，是说登楼凭眺，望见骑马的健儿扬起秋尘，趁着秋日晚潮的船只，他们的奔忙在历史上不会留下一点印迹。由此引出“使君心在，苍崖绿嶂”，意谓稼轩该对十丈红尘，久已生厌，当心怀隐逸之志了。我们知道，稼轩是被迫归隐的，他一直希望能被起用，好到前线指挥恢复中原的事业，何以白石要这样说他呢？原来，古人的传统，是以隐逸为高，这是对稼轩的恭维。“苦被北门留住”用《左传·僖公三十二年》典：“杞子自郑使告于秦，曰：‘郑人使我掌其北门之管，若潜师以来，国可得也。'" 北门，军事重地的代称。

过片三句，以诸葛亮比喻稼轩，谓稼轩能致身报国。"楼外冥冥，江皋隐隐，认得征西路"，是说楼外冥冥的飞鸿，认得那隐隐可见的江岸，正是东晋征西大将军桓温经行过的道路，是以桓温喻稼轩。"中原"三句，谓沦陷区人民士气未丧，天天盼着大宋的军队自淮水南边打来。结三句则宕开一笔，用桓温"木犹如此，人何以堪"的著名典故，隐隐感慨稼轩直至晚年，才得见用。

此词心眷直北遗民，祈望朝廷恢复神州故土之情，固当被稼轩引为同志，但论其气质，却与稼轩截然殊途。稼轩原词的气质是豪宕不羁的，譬如书法，以布局气势见胜，而点画或略嫌粗疏，白石却是法度谨严，清刚韶秀，令人观之忘倦。

再如《汉宫春·次韵稼轩会稽秋风亭观雨》：

云曰归欤。纵垂天曳曳，终反衡庐。扬州十年一梦，俯仰差殊。秦碑越殿，悔旧游、作计全疏。分付与、高怀老尹，管弦丝竹宁无。　知公爱山入剡，若南寻李白，问讯何如。年年雁飞波上，愁亦关予。临皋领客，向月边、携酒携鲈。今但借、秋风一榻，公歌我亦能书。

稼轩原词如下：

亭上秋风，记去年袅袅，曾到吾庐。山河举目虽异，风景非殊。功成者去，觉团扇、便与人疏。吹不断、斜阳依旧，茫茫禹迹都无。　千古茂陵词在，甚风流章句，解拟相如。只今木落江冷，眇眇愁予。故人书报，莫因循、忘却莼鲈。谁念我、新凉灯火，一编太史公书。

白石的和作比稼轩多一韵，是《汉宫春》的又一体。不同于稼轩的慷慨沉郁，白石词的品格是萧闲振举的，他们有着不同的人生态度，自然也有着不同的境界与风格。

又如他少年时得到前辈诗人萧德藻（号千岩老人）青赏的这首《扬州慢》：

扬州慢

淳熙丙申至日，予过维扬。夜雪初霁，荠麦弥望。入其城，则四顾萧条，寒水自碧，暮色渐起，戍角悲吟。予怀怆然，感慨今昔，因自度此曲。千岩老人以为有黍离之悲也。

淮左名都，竹西佳处，解鞍少驻初程。过春风十里，尽荠麦青青。自胡马、窥江去后，废池乔木，犹厌言兵。渐黄昏清角，吹寒都在空城。　杜郎俊赏，算而今、重到须惊。纵豆蔻词工，青楼梦好，难赋深情。二十四桥仍在，波心荡、冷月无声。念桥边红药，年年知为谁生。

朱庸斋先生以为"自胡马、窥江去后，废池乔木，犹厌言兵"颇似稼轩，实则此词并无稼轩那样执着现世、矢志恢复的激越之情，白石的精神世界是超拔的，他不是新中国文学史所推崇的那种现实主义作家。稼轩是儒将本色，出其绪余为词，词是他人生理想的附庸；白石此词，却更多的是表达自己内心的直感，传递的是心头凄凉的况味，因此他的词也就更具独立价值，更加自由。

白石集中此类作品不多，我推测其原因是，他是一个天生的隐士，对于现实政治并无特别兴趣，故他的偶像是唐末隐士陆龟蒙。《点绛唇·丁未冬过吴松作》云：

> 燕雁无心，太湖西畔随云去。数峰清苦。商略黄昏雨。　第四桥边，拟共天随住。今何许。凭阑怀古。残柳参差舞。

陆龟蒙号天随子，"拟共天随住"就是想追蹑陆龟蒙的脚步，归隐于兹。白石大抵完全无法融入营营汲汲的现实世界，他的理想是追随天随子，做一个真的隐士，在山林中逃遁红尘。

北宋以来的词家，或以词为小道，只当作是绮筵绣幌、侑歌遣兴的玩意儿，或借之以言志，不暇审律修辞，白石于词，却苦心经营，遣词造语，綦重骚雅，更参以江西诗派的笔法，形成了清刚幽劲的独特风格。他创造了全新的美学境界，只此即已足不朽，更不必说这种美是超越现世、超越时空的，展现出他灵魂的自由与清高。

白石一生未尝出仕。他除了卖字以外，就大都靠别人接济。

白石自幼随宦汉阳，父亲很早过世，他长期依长姊生活于汉川县。淳熙年间，青年白石在湖南游历，结识了福建人萧德藻。萧德藻在当时诗名藉甚，一遇白石，即大生知遇之感，感慨地说，我作诗四十年，才遇到一个可以与之谈诗之人，遂携白石至湖州生活，并把自己的侄女嫁给了白石，白石一家的经济，也完全由他提供。

后来千岩翁又把白石推荐给了名诗人杨万里，杨万里更介绍他去拜谒另一位大诗人范成大（号石湖）。石湖是做过大官的，致仕（退休）后经济仍非常丰裕，对白石也有厚贶。这期间，白石为作咏梅词二阕，用仙吕宫定谱，曰《暗香》《疏影》。词曰：

旧时月色。算几番照我，梅边吹笛。唤起玉人，不管清寒与攀摘。何逊而今渐老，都忘却、春风词笔。但怪得、竹外疏花，香冷入瑶席。　江国。正寂寂。叹寄与路遥，夜雪初积。翠尊易泣。红萼无言耿相忆。长记曾携手处，千树压、西湖寒碧。又片片、吹尽也，几时见得。（《暗香》）

苔枝缀玉。有翠禽小小，枝上同宿。客里相逢，篱角黄昏，无言自倚修竹。昭君不惯胡沙远，但暗忆、江南江北。想佩环、月夜归来，化作此花幽独。　犹记深宫旧事，那人正睡里，飞近蛾绿。莫似春风，不管盈盈，早与安排金屋。还教一片随波去，又却怨、玉龙哀曲。等恁时、重觅幽香，已入小窗横幅。(《疏影》)

二词作于宋光宗绍熙二年辛亥（1191）之冬，作曲填词，白石一身任之。这两首词，自清代以来，有很多学者认为是有寄托的作品，周济至谓白石“唯《暗香》《疏影》二词，寄意题外，包蕴无穷，可与稼轩伯仲”（《介存斋论词杂著》），其《宋四家词选》评《暗香》，谓有一朝盛衰之慨，又谓《疏影》以“相逢”“化作”“莫似”为骨，于国是“不能挽留，听其自为盛衰”；龙榆生先生认为《暗香》是词人希望石湖能爱惜人才，设法对自己加以引荐（《词学十讲》）；《疏影》一词，张惠言谓是“以二帝之愤发之”（《词选》），邓廷桢《双砚斋词话》、郑文焯《郑校白石道人歌曲》均认为，《疏影》是抒写对相从徽、钦二帝被掳北上的后妃的同情。

我以前亦相信这两首词是寄托之作，拙著《大学诗词写作教程》前三版均依此解说，但近年已尽抛成说。因细按词前小序，有“石湖把玩不已，使工妓隶习之，音节谐婉”之语，音乐风格不像是有寄托的，如果真是寄托之作，以白石之邃于音律，音节应该凄婉哀凉才对。

我认为，这两首词是单纯的咏物之作，是两件纯粹的艺术品，它们的用意只是为了礼赞梅花，传递美、再造美，没有除此以外的别的目的。词人把与梅花相关的典故、诗句胪列编排，串珠成链，再加以适当的想象，显得词的全首像是有完整的叙事脉络，实则不过是词人的技法高明，令人不觉其凑泊而已。

白石的金阊（苏州的古称）之行，除了获得范成大的资助，还获赠一慧婢名曰小红。这一年的除夕，白石意气风发，带着小红回湖州，船过垂虹桥，作有一绝："自作新词韵最娇。小红低唱我吹箫。曲终过尽松陵路，回首烟波十四桥。"小红有着不俗的艺术造诣，与白石主仆情深，甚是相得，后来年长嫁人。白石身殁后，友人苏泂挽之以诗，有"幸是小红方嫁了，不然啼损马塍花"之语，可以想象，小红是一位与之精神高度契合的腻友。

当时如石湖这样赏识白石的名公巨儒不在少数。宋末周密曾偶得白石手迹一份，是白石自道其身世的书信。信中列数说，"内翰梁公，于某为乡曲，爱其诗似唐人，谓长短句妙天下。枢使郑公，爱其文，使坐上为之，因击节称赏。参政范公，以为翰墨人品皆似晋宋之雅士。待制杨公，以为子文无所不工，甚似陆天随，于是为忘年友。复州萧公，世所谓千岩先生者也，以为四十年作诗，始得此友。待制朱公，既爱其文，又爱其深于礼乐。丞相京公，不独称其礼乐之书，又爱其骈俪之文。丞相谢公，爱其乐书，使次子来谒焉。稼轩辛公，深服其长短句。如二卿孙公从之、胡氏应期，江陵杨公、南州张公、金陵吴公及吴德夫、项平甫、徐子渊、曾幼度、商翚仲、王晦叔、易彦章之徒，皆当世俊士，不可悉数。或爱其人，或爱其诗，或爱其文，或爱其字，或折节交之。若东州之士，则楼公大防、叶公正则，则尤所赏激者。”白石的艺术才华是多方面的，他既长于诗词，又擅骈散文章，同时又对礼乐有深湛之研究，著有专书，书法得人爱赏，其人品气质更是清雅脱俗，似晋宋（南朝刘宋）之间的雅士，他的广受欢迎，也就可以理解了。

不过，被那么多的权贵名公赏识，并没有改变白石“窭困无聊”的境遇，这大抵是因为白石心性清高，绝不会主动说出干谒求进的话来。唯有南宋大将张俊的曾孙张鉴字平甫者，主动资助白石，历十年之久，与白石情甚骨肉。

张平甫因白石累试不第，拟出资为白石捐官，以白石的清高，当然辞谢不敏。白石曾力图自正途谋求朝廷出身：宁宗庆元三年（1197），向朝廷进大乐议及琴瑟考古图，时太常嫉其能，不获尽其所议，五年（1199），又上圣宋铙歌十二章，皇帝下诏让他不必经过地方的初试，直接参加礼部试，又不第，遂以布衣终。

平甫又欲割无锡的良田赠给白石，白石也一样拒绝了。何以白石宁愿一直接受平甫的资助，却不肯接受永久的产业呢？原来，南宋之时，大官僚养士之风盛行，稼轩亦尝因刘过的一首词，而厚贶之二十万钱之巨。盖当时风气如此，贶者不以为惠，受者不以为异。白石接受萧千岩、范石湖、张平甫的资助和一些特殊的馈赠，这都不是问题，白石亦报之以“竭诚尽力，忧乐关念”，但接受良田，性质便完全不同了，那是接受了产业，所谓无功不受禄，白石要做的是清高的卿客，而不是受禄的家臣，他的选择决定了他能终身葆有心灵的自由。

张平甫去世后，白石的十年门客生涯也走到了尽头，他在经济上开始陷入困顿，只能在浙东、嘉兴、金陵间旅食。“旅食”这个词说得是比较文雅的了，不太好听的说法则是打秋风。白石先有三子早夭，殁时儿子姜琼才十七岁，无力营葬，幸得友人吴潜等人谋为营葬于杭州之西马塍。倘若有谁为白石撰写墓志铭，应该用上与他同在萧千岩门下学诗的另一位白石黄白石（黄景说，字岩老）的话：“造物者不欲以富贵浼尧章，使之声名焜耀于无穷也！”

白石墓至清代尚存。时至今日，东西马塍早已全无踪影，更不必说白石的墓茔了。据《湖墅小志》：“东西马塍在溜水桥以北，以河为界，河东抵北关外东马塍，河西自上下泥桥至西隐桥为西马塍。钱王时蓄马于此，故以名塍。”然则今天我们的马塍路，不过借古地名而命名，与宋时恍如花海的东西马塍，没一点关系。诗人王翼奇就居住在马塍路附近，他多年寻访白石墓不得，只好把他居住的小区中心花园聊当白石的厝室，恭默祭拜。那一年，杜鹃开得正盛，同样久觅白石厝室不得的词人魏新河过访，填了一首《竹枝》赠之：“欲把词心托杜鹃。群花不语树无言。翠禽小小来还去，过了梅花八百年。”不久，魏新河便在《白石诗集》中读到“山色最怜秦望绿，野花只作晋时红”之句，诗后有白石自注：“右军祠堂有杜鹃花两株，极照灼。”他想到，与王羲之（曾为会稽内史领右将军，故称王右军）心灵异代相通的白石，也许会选择同样长眠于杜鹃花下，只要诚爇（ruò）心香，又何妨今之马塍路不是古之东西马塍，今之杜鹃，不是八百年前的杜鹃呢？

宋代陈郁《藏一话腴》载：白石气质相貌十分温弱，仿佛连衣服的重量都承受不住，没有立锥之地的田产，自己过的是清客生涯，却还每天养着食客，收藏的图书字画，更是一笔不菲的财富。这样的奇迹，只能出现在经济高度发达、文化发展到极致的南宋。

在世俗的眼中，白石所擅长的文章诗词、书法音乐，没有一样是“有用的”，都是彻底的“为己”之学。正常情况下，一个像白石一样的人，如果不肯牺牲自己的独立精神、自由意志，这些才华几乎不能为他换取任何现实利益，白石幸运地生活在中国文化的巅峰时代，有萧德藻、范成大、张鉴这些既有经济实力又有极高鉴赏力的人赏识他，因此不需要谄媚取容、降志辱身，就能维持着有尊严的生活。

白石词，没有一丝一毫的世俗味，是雅词的极则，这与他不汲汲于功名利禄，而终身追求心灵的逍遥自适有莫大关系。他的白石道人之号，是友人潘柽所赠，大概潘柽早就发现了他超拔出尘的精神特质。明以后的学者，误把宋末元初杭州人姜石帚当作白石的别号，故常称白石为石帚老仙，其事虽误，但以“仙”字冠在白石头上，还是有一定道理的。他的《翠楼吟》词有“此地。宜有词仙，拥素云黄鹤，与君游戏”之语，词仙正是他的心灵自许。

当时的文化环境保证了白石可以过上在较长时间内不必营营汲汲的生活，保证了他可以不萦心俗务，而专力于纯粹艺术的创造，这才有了这位卓然于文化史上的词仙，这才有了他“野云孤飞，去留无迹”的高卓词品。那些资助白石的大官僚，如果他们做的是一项投资，得说这是一项回报率极高的投资，因为他们用有限的金钱，换来的是高耸入云、万古屹立的文化奇峰。

在儒家而言，人生的终极价值，固然在于立德、立功、立言的三不朽事业；而自庄子观之，则逍遥之境，才是人生的终极理想。然而人生在世，衣食住行，莫不需要经济的支撑。原始人的几乎全部生命，都用来寻找食物，当然没有逍遥可言，今天科学昌明，物质进步，而人类俯仰于世，熙来攘往，无不为房子、车子、票子而苦恼，心灵的不自由，与原始人也没有多大分别。文化的传承却需要有一批脱心俗谛、专心研习的人。中国古代因孔子之教，士大夫戮力王事，一面获取朝廷俸禄，一面传承文化，而像白石这样，未得因科举入仕而解决衣食问题，但能靠知音者的周济，得以专力艺术创造，也是一种不坏的选择。也正因有当时的养士之风，南宋文化才能处在一个特别高的高度之上。

其实，养士之风不独中国为然，欧洲的情形也是一样。启蒙运动时期，欧洲很多的文学家、艺术家，都曾受过贵族尤其是贵妇人的供养。比如俄罗斯作曲家柴可夫斯基，就有一位梅克夫人定期给他寄去数额不小的生活补贴，而他们一辈子唯一的一次见面是在意大利，梅克夫人偶然散步经过了柴可夫斯基的旅馆，而后者正好走到阳台上，他们的目光互相注视了一下，此后再未见面。

同柴可夫斯基或其他被贵族资助的欧洲文学家、艺术家一样，白石虽然靠友人的接济生活，但他的人格是伟岸的，精神是自由的，所以才能写出那些超拔的、穿透历史的词作。

最后谈一谈白石的爱情词。

今人夏承焘先生推断，白石在青年时，曾经爱眷合肥勾栏中的一对姊妹，这对姊妹妙解音律，一擅琵琶，一擅弹筝，这一段感情，维系时间既久，早就升华为一种柏拉图之恋，时过二十年，白石还常时时魂牵梦萦，词集中与合肥情史有关的竟达二十首，占他全部作品的四分之一。

一萼红

丙午人日，予客长沙别驾之观政堂。堂下曲沼，沼西负古垣，有卢橘幽篁，一径深曲。穿径而南，官梅数十株，如椒、如菽，或红破白露，枝影扶疏。著屐苍苔细石间，野兴横生，亟命驾登定王台。乱湘流、入麓山，湘云低昂，湘波容与。兴尽悲来，醉吟成调。

古城阴。有官梅几许，红萼未宜簪。池面冰胶，墙腰雪老，云意还又沉沉。翠藤共、闲穿径竹，渐笑语、惊起卧沙禽。野老林泉，故王台榭，呼唤登临。 南去北来何事，荡湘云楚水，目极伤心。朱户粘鸡，金盘簇燕，空叹时序侵寻。记曾共、西楼雅集，想垂杨、还袅万丝金。待得归鞍到时，只怕春深。

此词作年，约当白石三十二岁时。夏承焘先生认为，当是白石集中关涉合肥情史最早的一篇。

首三句，是说官梅（政府所种的梅）扶疏于古城之阴，红萼将放，还不适宜簪在鬓上，写出了梅的孤高之态。“池面”三句，则谓观政堂下曲沼冰冻未化，古城垣的墙腰之上，粘着一些将化未化的残雪，天气沉阴，不知何时云开日出。“翠藤共”以下，直至上片结束，则写词人拉着人一起探幽寻胜的兴致。

过片直抒胸臆，谓羁旅生涯，未知何时是了局。“朱户粘鸡，金盘簇燕”点明人日风俗，古人在人日这一天，会用彩色的纸或金箔剪成人和动物的形状，有的插在头上，有的放在盘子里，有的粘在窗户上、屏风上。“空叹时序侵寻”是说时光荏苒，依旧天涯孤旅。“记曾共、西楼雅集，想垂杨、还袅万丝金”连用两句尖头句，句法参差跌宕，写出对佳人的深切思恋。夏承焘先生认为，凡是白石词中出现梅、柳意象的，多与合肥情事有关。柳枝初芽未绽，是金黄色的，故谓之金缕，这两句的意思是，还记得上次我们在西楼雅集，而这个时候正好是垂杨初芽，仿佛是万丝金缕随风袅娜的初春啊！结句则是说，等我们再次相见，不知要到什么时候。由初春到春深，本来只有两个月的时间，但词的独特体性决定了它不能像诗一样，用“百年”“万里”等宏大意象，而以“只怕春深”作结，便已见相思之酷了。

白石在《解连环》一词中，记述了与这对姊妹一见倾心的感觉。她们有着高超的艺术：“大乔能拨春风，小乔妙移筝，雁啼秋水”；初会面时，只是随意地打扮了一下，却不掩其动人的颜色：“柳怯云松，更何必、十分梳洗”；只一句话就勾住了词人的心：“道‘郎携羽扇，那日隔帘，半面曾记’。”勾栏女子，深深明白男性的心理，也就难怪白石会眷眷不忘了。

小重山令·赋潭州红梅

人绕湘皋月坠时。斜横花树小、浸愁漪。一春幽事有谁知。东风冷，香远茜裙归。　鸥去昔游非。遥怜花可可、梦依依。九疑云杳断魂啼。相思血，都沁绿筠枝。

潭州就是今天的长沙。词人深谙咏物词的做法，他要咏的，不但是红梅，还是湘中潭州的红梅，故先以“茜裙归”比喻红梅的开放，又以大舜崩于潇湘苍梧之野、葬于九疑山上，其二妃娥皇、女英终日悲啼，泪溅竹枝，沁成竹斑，遂名湘妃竹的故事，把红梅在枝头绽放比喻成是相思血沁入竹枝。但细玩词意，怀人之意还是十分显豁的，词中明显有一个“我”在，与一般咏物之作不同。

首句“人绕湘皋月坠时”，画面感浓烈，意谓词人绕着湘水岸边徘徊，不觉月亮将沉，又将黎明。词人还怕读者不明他的心迹，以“斜横花树小、浸愁漪”表明，这不是一篇单纯的咏物之作。这两句是说斜生横出的梅树，长得很玲珑，月光下花树的影子映在湘水之上，泛着令人愁苦的涟漪。“一春幽事有谁知”是说整个春天过去，在湘江岸边曾发生了什么幽情别恨，没有人知道。“东风冷，香远茜裙归”是说春寒尚自料峭，空气中已经有了梅花淡远的清香，仿佛是身着茜红色裙子的佳人归来。

“鸥去昔游非”本是用《列子》中的典故：从前海边有个人喜欢鸥鸟，每天清晨到海边和鸥鸟玩，那些翔而后集陪他玩耍的鸥鸟何止百数！他的父亲知道后，就跟他说，下次你捉一只鸥鸟给我玩吧。第二天他再去海边，因为心中有了机心，鸥鸟就在天上飞舞，不再下来了。这里，词人是忏悔未能勇敢地决定与爱侣长相厮守，只能在思念中咀嚼痛苦。“九疑”以下，是说潭州红梅就像娥皇、女英的相思泪滴尽，眼枯见血，沁在绿竹枝上。很显然，娥皇、女英正是指合肥姊妹。

江梅引

丙辰之冬，予留梁溪，将诣淮南不得，因梦思以述志。

人间离别易多时。见梅枝。忽相思。几度小窗，幽梦手同携。今夜梦中无觅处，漫徘徊。寒侵被、尚未知。　湿红恨墨浅封题。宝筝空，无雁飞。俊游巷陌，算空有、古木斜晖。旧约扁舟，心事已成非。歌罢淮南春草赋，又萋萋。漂零客、泪满衣。

梁溪是江苏无锡，词人羁留无锡，不得赴合肥与爱侣相会，遂作此词见意。此词劈头一句“人间离别易多时”，怅惋之情，明白说出，承以“见梅枝。忽相思”，更觉神完气足。接下来是记述梦中情景：“几度小窗，幽梦手同携。”然而梦中情事，不是人想要有便有的，今夜梦中就全然无法与她相会，只好在梦境里随意徘徊，夜深寒重，尚不肯醒来。

“湿红恨墨浅封题”一句转为写对方。“湿红”指女子的情泪；“浅封题”是说漫然地把书信封好并题款，“浅”字写出女子思人慵懒无聊的情态。“宝筝空，无雁飞”是说擅于弹筝的那位爱侣，连奏曲的心情也没有了。筝上的柱子如雁斜行，故名雁柱，“无雁飞”就是没有人弹奏它，这是一种拈连的修辞写法。词人追想少年时给自己留下无限快乐和温馨的淮南巷陌，而今只有参天的古木映照着斜阳。“旧约扁舟，心事已成非”用越大夫范蠡功成身退，带着西施泛舟五湖（太湖的别称）之典，意思是他跟这一对姐妹，当年有婚嫁之约、偕隐之志，可是由于种种原因，未能如愿。“歌罢淮南春草赋”语带双关，既是指汉代淮南小山的《招隐士》，也实指合肥之地。《招隐士》是一篇辞赋，中有“王孙游兮不归，春草生兮萋萋”这一名句，后来但凡作诗填词，只要用到王孙、春草、芳草、萋萋等字，皆谓离别。结句“漂零客、泪满衣”，同样浓墨重笔，可以想象，倘使小红歌之，必当发音凄断，令听者沾衣了。

白石词数度睹梅而思其人，以至于我怀疑这对姐妹其中一位名字里有个梅字。

白石的很多词都有小序，此举颇遭周济指摘。《介存斋论词杂著》以为，“白石好为小序，序即是词，词仍是序，反复再观，如同嚼蜡矣。词序、序作词缘起以此意词中未备也。今人论院本，尚知曲白相生，不许复沓，而独津津于白石词序，一何可笑。”但夏承焘先生认为，白石的很多情词之所以要加题序，是因为他要在题序中乱以他辞，故为迷离，“此见其孤往之怀有不见谅于人而宛转不能自已者”。当时的婚姻所凭是父母之命、媒妁之言，白石衔千岩翁赏遇之恩，娶了其侄女，对妻子有一份道义之责，但对于少年时自由恋爱上的女子，则久怀不忘，其情必不能见容于其妻，这才有了小序的“乱以他辞”。

浣溪沙

予女须家沔之山阳，左白湖，右云梦，春水方生，浸数千里，冬寒沙露，衰草入云。丙午之秋，予与安甥或荡舟采菱，或举火罝兔，或观鱼簺下，山行野吟，自适其适，凭虚怅望，因赋是阕。

著酒行行满袂风。草枯霜鹘落晴空。销魂都在夕阳中。　恨入四弦人欲老，梦寻千驿意难通。当时何似莫匆匆。

女须本来是屈原的姐姐的名字，这里是指白石的长姊。小序的大意是说，长姊家所居的汉阳地区山阳县，处于白湖云梦二泽之间，四时风景佳胜，白石和长姊的儿子安徜徉山水之中，非常逍遥适意，词人却“凭虚怅望”，一个“怅”字微露心迹。

词的上片，写词人带着些微酒意，在秋野中走啊走，秋风吹来，两袖鼓荡。野草枯黄，野兔之类的小动物难以隐藏形迹，霜天之上的苍鹘就猛地直冲而下，意图攫取。这一句是化用了右丞“草枯鹰眼疾”的诗意，但炼一“落”字，非常传神。夕阳西下，词人不禁感慨时光流逝，居然与爱人分别了那么久，心头自有一种说不出的带有忧伤，又带有甜蜜的感觉，那便是销魂的滋味。清代词人纳兰性德，其《浣溪沙·西郊冯氏园看海棠因忆香严词有感》：“谁道飘零不可怜。旧游时节好花天。断肠人去自经年。　一片晕红才著雨，几丝柔绿乍和烟。倩魂销尽夕阳前。”结句浑学白石的“销魂都在夕阳中”，而并未擅出蓝之胜。

过片，词人想起了擅弹琵琶的那个她（琵琶是四弦），相信别后她也是一般的幽愁别恨，弹奏琵琶时，一定在惋叹聚日无多，人却渐渐地老去，词人在梦里历遍万层山、千重驿，却无法真的把自己的相思传递过去。结句“当时何似莫匆匆”，情感不再婉曲含蕴，而是直截凝重：早知今日恁般相思，当初何必要那么匆忙离去呢？这种直截凝重的写法，需要极其浓挚的情感，白石的词一向是春容和雅的，但偶一用重拙之笔，便尤其惊心动魄。

对于这一句，民国女词人吕碧城深爱赏之，直接用到了自己的词里：“残雪皑皑晓日红。寒山颜色旧时同。断魂何处问飞蓬。　地转天旋千万劫，人间只此一回逢。当时何似莫匆匆。”相对于原作的深婉清华，吕碧城的仿作未免有些一泄无遗，了无余致了。

白石追念合肥情事的作品，我最喜欢的是以下二首：

踏莎行

自沔东来，丁未元日至金陵，江上感梦而作

燕燕轻盈，莺莺娇软。分明又向华胥见。夜长争得薄情知，春初早被相思染。　别后书辞，别时针线。离魂暗逐郎行远。淮南皓月冷千山，冥冥归去无人管。

鹧鸪天·元夕有所梦

肥水东流无尽期。当初不合种相思。梦中未比丹青见，暗里忽惊山鸟啼。　春未绿，鬓先丝。人间别久不成悲。谁教岁岁红莲夜，两处沉吟各自知。

第一首词作于宋孝宗淳熙十四年（1187），词人自汉阳顺江流而东，谅曾在合肥盘桓，江上感梦，当系遁词，所谓的梦境，应该是实有其事。

词的开头两句，是说合肥姊妹体态轻盈，情态娇软，二句是互文的手法。（所谓互文，就是要表达燕燕莺莺轻盈娇软，却因为对仗的关系写成“燕燕轻盈，莺莺娇软”。又如秦时明月汉时关，实际意思是秦汉时明月秦汉时关，也是互文。）“分明又向华胥见”，华胥国是梦境的别称，但这里其实是说，再次重逢，仿佛就像在梦里一样。“夜长争得薄情知”是词人的忏悔，意思是，我真是负心薄幸，你们长夜不眠地思念我，我竟然不知道；“春初早被相思染”是情深之极的奇语，本来春深之时，花繁叶绿，色彩绚烂，才更像是相思的浓郁，可是词人却说“春初早被相思染”，初春的一脉新绿，一点鹅黄，都早相思染就，那么整个春天的色彩，都凝结着浓重的相思，还需要说吗？

过片三句极写合肥姊妹的深情。别后书信不断倾诉相思，别时为词人密密缝制了春衣，这还不算，更要学唐传奇中的张倩娘，魂魄离体，跟随爱郎王宙上京。然而，词人自有妻室，合肥姊妹不能长自相随，她们的倩魂，也只好乘着月色冥冥归去淮南。这样的结尾，写尽了词人怅惘不甘之情，故而成为名隽。

不同于第一首词的迷离徜恍，闪烁其词，第二首词的情感显得直率奔放，浓烈炽热。按照夏承焘先生的考证，白石写这首词时，已经四十余岁，距与合肥姊妹初见，已过去二十多年。想来白石的妻子已经在一定程度上理解了白石对这一对姊妹的爱情，而更重要的原因恐怕是这一对姊妹早已离开合肥嫁人，白石再也没有机会与她们相见了，这才令白石填词时，少了以前的顾忌。

“肥水东流无尽期。当初不合种相思”，开头两句情感就充沛已极，意谓肥水东流无尽时，词人对爱侣的相思也没有尽时。“不合”是不该、不应当的意思，词人是在忏悔自己的多情吗？否。词人不是在忏悔，而是在默然承受失去爱侣的痛苦。“梦中未比丹青见，暗里忽惊山鸟啼”，是说今夜终于和她们在梦中相见，可是梦中见到她们的形容，一点也不似画像那样真切明晰，不知从哪里传来山鸟的啼叫，把词人从梦中惊醒了。

过片“春未绿，鬓先丝”六字沉郁有力，承元夕（正月十五）的时令写来，谓时方早春，草树都未出芽，但两鬓却因相思虑煎，早已有了白丝。“人间别久不成悲”一句，更是惊心动魄之语。只有经历过相思失意之人，才会真正理解这句话。时光看上去会疗治痛苦悲伤，但其实只是把痛苦悲伤给包藏起来，让人变得麻木了，痛苦悲伤依然还在，只是换了一种方式存在罢了。结二句写得神光离合，堪称白石的词中至境。“红莲夜”是指点缀着红莲状彩灯的元夕之夜，白石必定曾与合肥姊妹有过同游灯海的共同记忆。是谁让我们在每年的元夕花灯之夜，只能两处思念，却终于无法厮守？难道是造物主吗？沉吟，是自有无限心事，却什么话也不说出来，短暂的欢娱、恒久的相思，在元夕红莲灯点燃的那一刹那，都化成了三人心头的悸动。

夏承焘先生谈到他考证白石的合肥情史，说了这样的话："不以予说为然者，谓予说将贬低姜词之思想内容。然情实具在，欲全面了解姜词，何可忽此？况白石诚挚之态度，纯似友情，不类狎妓，在唐宋情词中最为突出，又何必讳耶？"白石对合肥姊妹的情感，早就升华为精神的爱恋，这是我们读了他的一系列情词，不得不为之感动的根源。

人间万感幽单

说吴梦窗

前人谓，词家有吴文英，亦如诗家有李商隐。梦窗词也有着玉溪生诗那样字面秾丽的特点。戈载说梦窗词『无数丽字，眩人眼目。如名花团簇，随风而展，生动翻飞。使人闻其香也，忘其所归』，但梦窗真正独特的，还不是字面的秾丽，而是在秾丽中见出幻灭之感、沧桑之悲。

傷春不在高樓上 在燈前攲枕 雨外熏爐
尘 乙未秋夜於京

人间万感幽单

——说吴梦窗

我师周晓川先生有《婉约词典评》一著久行于世。是书选唐代至民国二百一十一家词人的婉约之作共三百首，各缀以精练的短评，对读者赏会名作，颇有裨益。我印象最深刻的，是晓川师对南宋词人吴梦窗《宴清都·连理海棠》的评论。这首咏物之作，我从前也曾读过，然而那时候只是看到密密沉沉的意象，并不能理解词人的寄托所在。词曰：

绣幄鸳鸯柱。红情密，腻云低护秦树。芳根兼倚，花梢钿合，锦屏人妒。东风睡足交枝，正梦枕、瑶钗燕股。障滟蜡、满照欢丛，嫠蟾冷落羞度。　人间万感幽单，华清惯浴，春盎风露。连鬟并暖，同心共结，向承恩处。凭谁为歌长恨，暗殿锁、秋灯夜语。叙旧期、不负春盟，红朝翠暮。

晓川师评论道：“‘秦树’‘钿合’暗扣李隆基、杨玉环华清密誓，可谓妙于比兴。换头处一句唱断，‘人间’以下直抒感慨。华清恩宠，夜殿密誓，到头来不过是一场悲剧。只有连理海棠，不负春光，年年花开似旧。这是单纯咏花吗？不！这是对人间负心行为的批判啊。”他指出，清末大词人朱祖谋（彊村）评此词曰“濡染大笔何淋漓”，是道出了此中深意。

晓川师的见解让我若受电然，我这才发现，原来梦窗有如此沉厚的气息，如此悲悯的胸襟。后来再读清末大词人陈洵的《海绡说词》、现代大学者刘永济先生的《微睇室说词》，渐渐读懂了梦窗的词，也就更能理解，何以这位毕生未中进士，沉沦于幕僚曹官这一类低等职位的失意文人，会被宋末的尹焕推崇为南宋第一，会被周济许为“奇思壮采，腾天潜渊”，与周邦彦、辛弃疾、王沂孙并著为“宋四家”，会得到王鹏运、朱祖谋、郑文焯、况周颐、冯煦、张尔田等晚清学者的一致推崇。

吴文英，字君特，号梦窗，晚号觉翁，浙江四明（今宁波）人。他本姓翁氏，出继吴姓为后，他的亲哥哥翁元龙也是一位词人。梦窗曾入苏州仓幕。所谓仓幕，“仓”是指“提举常平广惠仓兼管勾农田水利差役事”，这是宋代为宏观调控而设立的财政机构，梦窗在该机构任幕僚，品级虽低，毕竟是他一生唯一的一段仕宦经历。他又曾入南宋名臣袁韶、史宅之及嗣荣王赵与芮幕，不过那都是客卿身份，不是有职衔的官吏。然而，身份的卑微并未妨碍他与当时的名士显宦如吴潜、贾似道的交往，他的词在南宋末年已得大声于天下，至清末更因王半塘（鹏运）、朱彊村（祖谋）先后宣导，而风靡一时。彊村编选的《宋词三百首》选梦窗词最夥，至二十五首，彊村的传砚弟子龙榆生先生，在他的《唐宋名家词选》初版里，选梦窗词达三十八首之多，同样冠冕诸家。

梦窗的词风，前人有评以“密丽险涩”的，用这四个字来形容梦窗词的整体风貌，还是十分允当的。但是，梦窗也有天骨开张、苍劲雄浑的作品，这类作品正有着周济所称的“奇思壮采，腾天潜渊”的风格特征。

比如他的名作《八声甘州·灵岩陪庾幕诸公游》，就在沉着中寓悲慨，既有腾天直上之雄健，又有潜渊而下之深味：

> 渺空烟四远，是何年、青天坠长星。幻苍崖云树，名娃金屋，残霸宫城。箭径酸风射眼，腻水染花腥。时靸（sǎ）双鸳响，廊叶秋声。　宫里吴王沉醉，倩五湖倦客，独钓醒醒（xīng xīng）。问苍波无语，华发奈山青。水涵空、阑干高处，送乱鸦、斜日落渔汀。连呼酒，上琴台去，秋与云平。

这是一首登览之作。词人与他在仓幕（庾幕是古人对幕府的美称，因东晋庾亮幕中多贤俊之士而得名）的同僚一起游览苏州的灵岩，吊古之余，不免伤今，遂有此词。灵岩山是苏州的名胜，其最高处曰琴台，以春秋时吴国所建馆娃宫而知名。山上又有一溪流，水直如矢，故名箭径。当年，吴王夫差宠信西施，于灵岩山上为建馆娃宫（“娃”是美女之意），又造了一座地板下挖空、安有特别装置的走廊，着木屐行于其上，便有乐音生出，谓之响屧廊，而吴王终以纵逸荒政，被处心积虑矢志复仇的越王勾践所灭。词人自然联想到积弱无能的南宋朝廷，正面临着北方蒙元政权侵略之大患，而上层统治者却不思励精图治，仍然醉生梦死，作为一名底层的士人，梦窗无力改变时局，只好借词句抒写他心中的忧患与郁愤。这不是普通的游览、泛泛的吊古，而是深具体国经野之心的寄托之作。

《八声甘州》原是大曲《甘州》的一部分，之所以名“八声”，是因为此词有八个韵。第一韵“渺空烟四远，是何年、青天坠长星”，写的是词人远观灵岩的感受。从远处望去，灵岩山拔地兀立，周边是弥望的平原，天地交接之处，仿佛是虚空的淡烟，显得那样渺邈。是哪一年天外的流星陨落，才有了孤峙的灵岩山？第二韵“幻苍崖云树，名娃金屋，残霸宫城”，精切处在一“幻”字。苍崖云树，宫城金屋，霸主名娃，与永恒的宇宙相比，都不过是可怜的瞬现瞬灭的幻象。这是词人对历史的痛切体悟，也暗承上韵的“是何年”三字。第三韵“箭径酸风射眼，腻水染花腥”，“酸风射眼”是化用唐代诗人李贺的名句“东关酸风射眸子”，意思是词人经过箭径溪，想起当日馆娃宫人，洗妆时脂粉流入水中，水面漂起一层油垢，而今繁华安在，不由得热泪纵横，如被酸风所激。第四韵“时靸双鸳响,廊叶秋声”，则是写秋叶飘落于响屧廊，发出凄清的音调，恍如当日西施靸着鞋，行走于其上。靸，是把鞋后帮踩在脚后跟下，当拖鞋穿着的意思。第三、四韵其实都是依照词人游览的顺序落笔的，但他把遗迹与历史、想象与感受打混在一起写，便泯去了针线缝合之痕，是非常高明的艺术手段。

第五韵“宫里吴王沉醉，倩五湖倦客，独钓醒醒”是词的过片，需要承担承上启下的功能，词人的处理方法是劈空议论，点明主题。五湖倦客是指吴越争霸时越国的大夫范蠡，传说他在功成之后携西施泛舟五湖（太湖的别称），隐居不仕。“醒”是醉的反义词，饮酒后清醒过来谓之为“醒”，念平声；“倩”则是请的意思。这一韵是说，吴王在馆娃宫中沉醉，这是主动招致范蠡这样的敌国大夫，在一边冷静地寻找倾覆吴国的机会啊。第六韵“问苍波无语，华发奈山青”转为抒情。词人叩问奔逝的波涛，历史的教训如此显明，怎么当今的统治者就不知道惕然自省呢？逝水也没有答案，而词人不免有年光老去、无所建树之慨，“华发奈山青”，是短暂的人生面对恒久的自然所发出的深沉喟叹。第七韵用了两个尖头句：“水涵空、阑干高处，送乱鸦、斜日落渔汀。”句法参差跌宕，意谓登上阑干高处，极目所见，水天包涵，如成一色，西下的夕阳，向水天相接处的小洲落去，也送着纷飞的乌鸦归巢。“乱”是这一韵的点睛之笔，象征词人纷乱的内心。值得注意的是，第六韵的感慨才一出来，到第七韵便转为写景，而这景又是烘托情致的妙笔，这样，词人就不用直露地抒情，而只需要让读者在情景交融的意象中自行体会词人纷乱的心情就可以了。近代词人陈洵强调，梦窗词善用“留字诀”，所谓“无往不复，无垂不缩”，有十分的情感，只说八分，剩下二分，须让读者自行体味寻绎。填词而能“留”，便有了留驻不去的余味。第八韵“连呼酒，上琴台去，秋与云平”隐含着情感的转折：国事既然不可问了，不如与同僚一起上到灵岩山的最高处琴台去，饮着酒，感受秋气的高爽吧！

梦窗的登览之作，往往高蹈中见出沉郁，读后常有秋风过雨、一片荒凉之慨。如《齐天乐·与冯深居登禹陵》：

> 三千年事残鸦外，无言倦凭秋树。逝水移川，高陵变谷，那（nuó）识当时神禹。幽云怪雨。翠萍湿空梁，夜深飞去。雁起青天，数行书似旧藏处。 寂寥西窗久坐，故人悭会遇，同剪灯语。积藓残碑，零圭断壁，重拂人间尘土。霜红罢舞。漫山色青青，雾朝烟暮。岸锁春船，画旗喧赛鼓。

禹陵在浙江绍兴，是历史上著名的贤君大禹安葬的所在。词的开笔，简直是老杜的笔致，苍茫、阔大，极尽沉着之能事。“三千年事残鸦外”，如同说“三千年王图霸业，都付残鸦”；“无言倦凭秋树”，意思是吊古之情，积郁胸中，不知从何说起，只是倦然倚着秋树，任凭无限感慨从心头流过。“逝水移川，高陵变谷，那识当时神禹”

是说时间无情，高高的山陵变成了深谷，永恒不息东流而逝的河川也改变了路径，当初大禹治水疏浚河川的成绩，现在已经无法见到了。接着“幽云怪雨”一句，是蓦然而起的插叙，为的是引出“翠萍湿空梁，夜深飞去”一段奇情壮采的故事。传说大禹祠正殿的主梁常常像被水浸过，还沾着水生的萍藻，人们不免骇异，后来才知，因名画家张僧繇曾在禹梁上画了一条龙，当风雨之夜，禹梁变化成龙，潜入鉴湖与湖龙相斗，风雨停歇，再飞回到禹祠的正殿。梦窗对典故的剪裁是非常见功力的，他截取的往往是典故中最有诗意的细节，这样就使得他用典使事，不让人觉得是在“掉书袋”“獭祭鱼”，而是灵气流行，成为词的有机组成部分。“幽云怪雨”四字，见出梦窗非凡的语言创造能力，前人把这样的能力称作“自铸伟词”，的确，用前人没有用过的词语搭配，却又不令人觉得生造、突兀，这是一种非常了不得的本领。“雁起青天，数行书似旧藏处”则是转而写禹穴。禹穴是大禹藏玉简书之地，这两句意思是，大雁从天空飞过，排成“雁字”，仿佛是当年玉简书上的奇字。

过片“寂寥西窗久坐，故人悭会遇，同剪灯语”，是时空的蓦地跳转，补叙与冯深居共登禹陵前夜的情境。老朋友难得一见，到夜晚也舍不得各自安寝，于是久久地在西窗下坐着，剪去灯芯燃烧后炭化的部分，让灯光更明亮些，说着话，排遣寂寥的情绪。“积藓残碑，零圭断壁，重拂人间尘土”，又转回游禹陵，禹碑、玄圭、玉璧等文物，已被苔藓尘土所积，词人与友人摩挲古物，自然兴起伤时念乱之悲。“霜红罢舞”一句，转写禹陵山景：经霜的红叶已凋落干净，暗中交代节令。“漫山色青青，雾朝烟暮。岸锁春船，画旗喧赛鼓”，则是作者想象，霜叶凋尽后，任凭朝晚间山岚雾气蒸腾，时令经冬徂夏，山上的植被，也转为青绿色，再到春夏之交，会有很多游人来到禹陵之上，凭高欣赏端午赛龙舟的热闹场面。“漫”是一个虚字，表示“任凭”“由得”，直领以下四句，笔力十足雄健，而这个“漫”字，隐藏着词人对光阴流逝的无奈、悲愁之感。普通民众“画旗喧赛鼓”，浑不觉天地翻覆的巨变即将到来，与词人忧患时局的情绪形成了鲜明的对照。清代词论家陈廷焯《云韶集》评此词曰：“凭吊中纯是一片感叹，我知先生胸中应有多少忧时眼泪。”真是知梦窗之言。

梦窗即身亲见宋亡，他的词中自然不少亡国之音。如这一首宋亡后某年的正月十四日（词题中的试灯夜）所作的小令：

点绛唇·试灯夜初晴

卷尽浮云，素娥临夜新梳洗。暗尘不起。酥润凌波地。　辇路重来，仿佛灯前事。情如水。小楼熏被。春梦笙歌里。

上片写天净无云，月色明亮，长街经雨，净洁不生尘土，正是最适宜士女游衍的天气，然而亡国之人，谁还有心情出来看灯呢？下片则写自己经过宋朝皇帝御辇专行的道路，当年悬灯布彩、荧煌耀天的太平气象，徒能付诸想象而已。“情如水”谓亡国之思如同流水，永无断绝。“小楼熏被”则暗指春寒阴湿难当，喻亡国后元人统治之残酷。古人有一种专门放置在被窝里可以滚动的球形香炉，让被子干燥馨香，炉分里外两层，外层是镂空的，里层贮放香料，用以点燃，不论外层的球如何滚动，里层始终保持垂直方向不动，这样便不虑香灰或火星溅出。结拍“春梦笙歌里”淡淡五字，却写尽了对故国文明的眷恋之情。

再如这一首极有名、几乎没有选家不选的《高阳台·丰乐楼分韵得如字》：

修竹凝妆，垂杨驻马，凭阑浅画成图。山色谁题，楼前有雁斜书。东风紧送斜阳下，弄旧寒、晚酒醒余。自销凝、能几花前，顿老相如。　伤春不在高楼上，在灯前欹枕，雨外熏炉。怕舣游船，临流可奈清臞。飞红若到西湖底，搅翠澜、总是愁鱼。莫重来、吹尽香绵，泪满平芜。

这首词应作于梦窗晚年，宋亡以后。词人与友人分韵联吟，寄其亡国之思，他感慨春去年衰，其实是在哀挽已为元人覆灭的故国。“修竹凝妆，垂杨驻马，凭阑浅画成图”三句，紧扣“丰乐楼”的主题，是说自丰乐楼凭阑望去，楼前修竹畔倚着端正妆容的佳人，垂杨树下系着少年的马匹，成了一幅天然的图画。“山色谁题，楼前有雁斜书”，仍是说这幅图画中的山色，有谁来题一首诗呢？楼前的归雁，在天上排列成行，便仿佛是诗句中的灵动的笔画了。丰乐楼景致不殊，但正自有人情之异，“东风紧送斜阳下，弄旧寒、晚酒醒余”，词意转为凄紧哀怨。醒余，意思是酒意刚过。那恼人的东风，不管不顾地催送斜阳落山，还作弄起去年冬天的寒意，让刚从傍晚的酒意中醒过来的人，心头平添了几分凄恻。“自销凝、能几花前，顿老相如”，是说词人只管呆呆地出神，想着自己年衰力减，如汉代辞赋家司马相如一样疾病缠身，还能有多少花前聚首的机缘呢？司马相如患有消渴症（糖尿病），后世诗家常以指代自己的患病之身，李商隐亦有句曰“茂陵秋雨病相如”。

换头三句“伤春不在高楼上，在灯前攲枕，雨外熏炉”，是说真正的悲哀，不会在大家一起登楼览胜的场面上，而是在独自一人，灯前雨外，烘着熏炉、倚着靠枕之时。词人的哀乐都比一般人来得深刻，亡国之思也不例外。“怕舣游船，临流可奈清臞”，不愿意泊船靠岸，因为流水中可以照见清瘦的面容，而触动感慨。“飞红若到西湖底，搅翠澜、总是愁鱼”，暮春的落花，假使坠到西湖水底，引逗水中的鱼儿搅动绿波，那些鱼也含着愁思。鱼犹伤春，更何况是人呢？这里的春当然是喻指国祚。“莫重来、吹尽香绵，泪满平芜”，春光尽而杨絮飞，落在平旷的原野上，仿佛都是愁人的眼泪，词人饱蕴亡国之恸，触目所见，尽是伤心，当然要自誓不再重来了。

这首词和前文所举登览吊古之作，都是梦窗词的别调，相对梦窗的主流风格，要清俊得多。更多的时候，梦窗沉浸在他所营造的秾丽荒凉的精神世界中，词风也以密丽沉厚为主。

梦窗词的最大成就是长调，其有一显著特点则是意象组织方式独特。很多人读不懂梦窗的词，就是因为梦窗词往往不像一般词人的作品那样，有非常明显的意脉，而是用类似于后世拍电影的蒙太奇手法，一个镜头一个镜头地转换过去，中间自有一种内在的理路。只要习惯梦窗这种独特的意象组织方式，其实并不会觉得梦窗词难读。与梦窗差不多同时代的大词人张炎批评他的词“如七宝楼台，眩人眼目，碎拆下来，不成片段”，实在是因为张炎不习惯梦窗词的组织方式而已。

如这首咏水仙词《花犯》：

小娉婷，清铅素靥，蜂黄暗偷晕。翠翘攲鬓。昨夜冷中庭，月下相认。睡浓更苦凄风紧。惊回心未稳。送晓色、一壶葱茜，才知花梦准。 湘娥化作此幽芳，凌波路，古岸云沙遗恨。临砌影，寒香乱、冻梅藏韵。熏炉畔、旋移傍枕。还又见、玉人垂绀鬒。料唤赏、清华池馆，台杯须满引。

词的大意是说，养在水盆中的水仙，花瓣是白色的，如同抹了铅华（古代美白的粉）的佳人的粉脸，花蕊却是黄色的，似乎偷得佳人化妆用的蜂黄。它的花朵攲斜生出，仿佛是佳人鬓发上斜插的翠翘。接到朋友送来的这盆水仙，正是寒冷的月夜。一晚上睡得很沉，梦里却感到凄冷的寒风，醒来时心中还有着对寒冷的记忆。看到晨光曦微中葱茜的水仙，才知道是它给我的梦带来寒意。水仙仿佛是娥皇女英的精魄变化而成，她们在水面上凌波微步，却无以消歇与大舜死别的终古之恨。又或是台阶边上疏影横斜的梅花，受不了酷寒，把暗香清韵藏到了水仙花中来。赶紧把馨香的水仙挪到熏炉侧、枕头畔，好仔细观赏。但见水仙微微下垂的绀青色的叶子，仿佛是美女长而下垂的鬓发。把它放到水清木华的池馆中一并观赏的话，该当饮尽大杯的酒，才算对得住它的芳华吧。

这首词只是一篇没什么思想内容的单纯的赋体，当然不是真正的文学，但是它的意象组织方式是梦窗的典型作风，很少一般词人常用的承接性的虚字，而是一个镜头接一个镜头，每一个镜头都是活动的，步步腾挪，步步闪挫，这样意象就显得非常繁密，正像清人戈载所说的那样，“其密丽之处，水泼不进”。如果把梦窗词比作电影的话，其他作家的词就像是在放幻灯片。

前人谓，词家有吴文英，亦如诗家有李商隐。梦窗词也有着玉溪生诗那样字面秾丽的特点。戈载说梦窗词“无数丽字，眩人眼目。如名花团簇，随风而展，生动翻飞。使人闻其香也，忘其所归”，但梦窗真正独特的，还不是字面的秾丽，而是在秾丽中见出幻灭之感、沧桑之悲。这是因为，他选字遣词有其特别的心法。

梦窗惯于选用那些光学上偏于浓烈、暖热的色调，却用愁怀郁志的词去修饰，赋予浓烈的色彩以幽暗的情绪，这就有了愈秾丽、愈荒凉的感觉。如《一寸金》：“正古花摇落，寒蛩满地，参梅吹老，玉龙横竹。”花本秾艳可人，但“古花”就带上一丝暮气老气了。《齐天乐·会江湖诸友泛湖》：“平芜未剪。怕一夕西风，镜心红变。”“红”指的是人少年至壮盛的朱颜，但接一个“变”字，便觉兴慨无端，百感凄凉。再如《塞翁吟》：“红衣卸了，结子成莲，天劲秋浓。”莲花凋尽，谓之“红衣卸了”，冷落荒寒之意，曲曲传出。《惜黄花慢》：“翠香零落红衣老，暮愁锁、残柳眉梢。”翠、红都是很明亮的色彩，但是翠“零落”、红“老”，便自哀艳不凡。

梦窗独特的艺术境界与他的精神气质密切相关，而他的精神气质，最有可能是因其人生阅历，尤其是爱情的阅历，而终于形成的。然而，我们现在并没有确凿的文献证据，可以知道他一生经历过几段爱情，以及每一段爱情的来龙去脉。所有学者对梦窗情事的研究，都是靠在梦窗词中寻找蛛丝马迹，希图勾勒出若干相对完整的脉络。前辈学者比较有影响力的看法是梦窗至少有过两段刻骨铭心的爱情，两段情事的女主人公，一为杭妓，一为苏妓。杭州妓女可能是他的第一段恋情，后来不幸早年下世；苏妓曾随他返回四明，但中道分离，女子重返苏州，梦窗在痛苦咀嚼中度过了余生。近年孙虹教授则推测，梦窗少年时在扬州还与一位楚妓有过一段过从。不过，梦窗词就有一种独特的魅力，可以让不明本事（诗词背后的故事叫作本事）的读者，同样感受到文字的精魂。相比八十年代那些故作深沉的稚拙白话诗，梦窗的词作才是真正的朦胧诗。

瑞鹤仙

晴丝牵绪乱。对沧江斜日，花飞人远。垂杨暗吴苑。正旗亭烟冷，河桥风暖。兰情蕙盼。惹相思、春根酒畔。又争知、吟骨萦销，渐把旧衫重剪。　凄断。流红千浪，缺月孤楼，总难留燕。歌尘凝扇。待凭信，拌分钿。试挑灯欲写，还依不忍，笺幅偷和泪卷。寄残云、剩雨蓬莱，也应梦见。

这首词表现的是情侣分手后的惘然追忆。我们用镜头拆分的方法来读这首词，自然觉得脉络分明。“晴丝牵绪乱。对沧江斜日，花飞人远。”这是第一个镜头。飘扬在晴朗空气中的虫丝，一如人的思绪一般纷乱，镜头中落花争飞，主人公的身影远远地定格在大江边上，夕阳侧畔。这是怀人望远的影像。晴丝，是春天空气中飘浮的虫丝。以下镜头立即进行时空转换：“垂杨暗吴苑。正旗亭烟冷，河桥风暖。”垂杨即垂柳，柳色由初春的金黄，再到仲春的嫩绿，再到晚春的深绿，自然让苏州的园林都笼罩着一层浓重的色彩。旗亭指酒楼，酒楼不做热食，乃是古代寒食节的风俗。寒食时节，正当暮春，在河桥之上，已经能感受到风里有了很多暖意。“兰情蕙盼。惹相思、春根酒畔。”这是第三个镜头，摄录的是主人公与爱侣初逢，一见倾心的画面。正赶上春天的尾巴（春根），词人于酒筵之上，乍逢绝色，她的笑容若有情，若无意，她的双眼顾盼生姿，仿佛兰蕙一般美好，他的一颗心，立即被她俘虏了。“又争知、吟骨萦销，渐把旧衫重剪。”镜头再一次转换时空，是对主人公的特写。与她分手之后，哀乐过人的诗性人格导致自己的身体日渐消瘦，从前合身的衣服现在也显得宽大很多，不得不重新裁剪。

过片的“凄断”二字，相当于电影的画外音。“流红千浪，缺月孤楼，总难留燕。”这是两个镜头的组合。第一个镜头，“流红千浪”是千溪之水，尽浮泛着落红，滔滔东流，是动态的镜头；第二个镜头，“缺月孤楼，总难留燕”，则是如钩的月亮静静映照着孤零零的楼台，人已去，楼已空，是静态的画面。“总难留燕”，用的是唐代张建封有爱妓关盼盼，建封死后，盼盼居徐州燕子楼十余年，不更嫁人之典。“歌尘凝扇”一句，又是一个特写镜头，她曾用过的歌扇，已经沾满了尘土。转到“待凭信，拌分钿”，又是一句画外音。意谓打算以她的歌扇作为凭信，意待挽回，却只能接受分手的事实。“拌”，意同于“判”“拚”，表示甘愿、割舍之意。“试挑灯欲写，还依不忍，笺幅偷和泪卷。”镜头再转到主人公的身上，主人公挑亮了灯火，想给对方写信，也许是为了责备对方的无情，也许是为了做最后的努力，然而终因心中难受，写不下去，把写了一半的信笺和着眼泪一起卷好。“寄残云、剩雨蓬莱，也应梦见。”这几句相当于电影结尾的主题歌，主人公竟如此深情，他虽明知二人已同陌路，却依然抱有万一的希冀，希望她有时还能想起在一起的情分。

渡江云·西湖清明

羞红颦浅恨，晚风未落，片绣点重茵。旧堤分燕尾，桂棹轻鸥，宝勒倚残云。千丝怨碧，渐路入、仙坞迷津。肠漫回、隔花时见，背面楚腰身。 逡巡。题门惆怅，坠履牵萦，数幽期难准。还始觉、留情缘眼，宽带因春。明朝事与孤烟冷，做满湖、风雨愁人。山黛暝、尘波澹绿无痕。

我们依然用镜头拆分的方式来分析这首词。“羞红颦浅恨，晚风未落，片绣点重茵”三句，是第一个镜头，大致是写春花将萎，仿佛眉宇间凝结着愁恨的女子，晚风没有止息地吹着，片片落花落在了游客铺的席子上。“旧堤分燕尾，桂棹轻鸥，宝勒倚残云。”此为承接上一个镜头的推进，西湖的苏堤、白堤如燕尾一样开叉，湖面的小舟，湖上轻快的湖鸥，堤上“残云傍马飞”，结成了一幅动人的画面。“千丝怨碧，渐路入、仙坞迷津。”镜头紧跟主人公的脚程，一路分花拂柳，来到与女子初遇之地。“肠漫回”是一句画外音，意谓空自惹得人荡气回肠，而镜头中的形象则是“隔花时见，背面楚腰身”，那是女人在掩映的花丛中曼妙的身姿，让主人公萦回心曲，不能自已。

过片的短韵“逡巡”和以下“题门惆怅，坠履牵萦，数幽期难准”，是转换时空的一个新的镜头。此当别后再访，不见伊人，空余惆怅而已。“题门”用典：唐代诗人崔护口渴乞浆（古代饮料），遇一女子，仿佛有情，次年重访不见其人，于其门上题诗——“去年今日此门中。人面桃花相映红。人面不知何处去，桃花依旧笑春风。”“坠履牵萦”一句，是说对她的思念，便如遗失鞋子一样，不能释怀。“还始觉、留情缘眼，宽带因春。”此三句是主人公的内心独白，别后既惹相思，这才明白，她的眼波已在我心头深种情根，由此也有了伤春情绪，身体日渐消瘦，腰带也变得宽了。“明朝事与孤烟冷，做满湖、风雨愁人。”这是一个只有景物而没有人物出场的空镜头。紧扣词题“西湖清明”，寒食节后，即是清明，故谓“事与孤烟冷”。寒食清明时候，正值春尽花残，往往风雨交加，这一段爱情，从一开始就笼罩着一股凄凉的气息。“山黛暝、尘波澹绿无痕。”再接一个空镜头，暝色下眉黛一样的山色渐渐昏暗，初春时麹尘（酒曲上所生的菌，色作淡黄）色的水波也转为淡绿色，再至于被夜色笼罩，看不见波痕。

与上一首《瑞鹤仙》相比，这首词中所表现的情感，明显要浅一些，冷静一些。“山黛暝、尘波澹绿无痕”显然是一种自求解脱、自我救赎之语。中间消息，就在于前一首中的爱侣，是主动与梦窗分手；后一首中的爱侣，是因事羁缠，暌违难见。人最难忘怀的，往往不是最爱你的那一个，而是伤害你最深的那一个，梦窗又是性情极敦厚之人，他爱着一个人，就会如飞蛾赴火般全情投入，故而一旦失去，伤心也甚于常人。什么叫爱情？爱情就是三个字：求不得。这是爱情的真相，也是人类永恒的悲哀。

满江红·甲辰岁盘门外寓居过重午

结束萧仙，啸梁鬼、依还未灭。荒城外、无聊闲看，野烟一抹。梅子未黄愁夜雨，榴花不见簪秋雪。又重罗、红字写香词，年时节。　帘底事，凭燕说。合欢缕，双条脱。自香销红臂，旧情都别。湘水离魂菰叶怨，扬州无梦铜华阙。倩卧箫、吹裂晚天云，看新月。

盘门是苏州西南的城门名。这首词词采激烈，是对于过往情感的执着不回、痴心不甘。此词不用镜头转换的写法，结构朴直，也就更有愤激的力量。“萧仙”即艾人，“结束萧仙，啸梁鬼、依还未灭”三句，写端午时扎艾人禳鬼的风俗。梁鬼啸而不已，则说明艾人没有用处，这是暗指自己内心盘纡不去的鬼，他对已逝的爱情执着难断，想要驱除，终难驱除。“荒城外、无聊闲看，野烟一抹。梅子未黄愁夜雨，榴花不见簪秋雪。又重罗、红字写香词，年时节。”六句要当一句来读，力道极其凌厉。盘门在宋时人迹稀少，故谓荒城。因睹盘门外野烟，而想到虽未到梅雨时节，却已不禁夜雨之凄凉，再也没有她摘下火红的榴花，簪在莹洁的面庞边上。秋雪，指的是女子莹洁的面庞。只好遵从时令，写一点芳馨悱恻的新词，郑重地书写在双层的丝罗之上。

过片“帘底事，凭燕说。合欢缕，双条脱”，是说过去的情事，不忍心再提，就让无情的燕子呢喃低语吧。但旧情终难忘记，忘不了与她共度的端午节，她的粉臂上缠着五彩丝（这也是端午习俗），与她臂上的玉钏相映，更增奇美。“自香销红臂，旧情都别。”这两句是说与女子欢会未久，便尔分离，从前的情分正如女人手臂上点的守宫砂，渐淡渐销。“湘水离魂菰叶怨，扬州无梦铜华阙。”前句以屈原自拟，后句则是说与女子再会无期。唐时扬州曾向朝廷进贡江心镜，是端午日在江心所铸，这批镜子不是百炼之铜，到六七十炼已经很容易就破碎了。隐指扬州情事，已如镜之破裂。“倩卧箫、吹裂晚天云，看新月。”作为一篇的结尾，表明作者决不肯忘情，而把一腔幽怨，化为笛声，形于激愤。卧箫，是指横吹的笛子。箫声婉转低回，而笛声则清健激越，故能“吹裂晚天云”。

孙虹教授认为，这首词是追念一名扬州歌伎而作。其实，在我看来，梦窗词背后的本事究竟如何，并不是最重要的。他的词无论忆念的对象是谁，最后都表现为他对爱的执着不舍。孔子、耶稣都不讲爱情，佛祖则让人断舍离爱，然而，大概只有大智慧者才能做到挥慧剑、斩情丝，对于芸芸众生来说，看不透、割不断、抛不得，才是人生的常态，也是文学能打动我们的根源。

一切诗人，一切词人，首先都是非常自我的人，梦窗也不例外。如果我们把“写诗的人”与“写词的人”剔除开去，只谈诗人与词人，那么他们之间的根本分别就是，诗人在爱自己的同时，也同样地爱着人类；而词人倾向于只爱自己。情场失意让梦窗的心灵遭受极大创伤，他变得不再热爱人类，他不自觉地与整个世界疏离，变得只爱自己，他的那些仿佛是古蕃锦一样繁缛华美而又带着凄凉气息的词，成了他生命的支柱。

读梦窗词，很明显可以感到，这是一个毕生生活在痛苦与绝望中的人。然而，梦窗的忠厚便在于，他的心纵然是绝望的，却总是不让读者也感到绝望。他往往在词的结尾或过片振起一笔，如：

> 最伤情、送客咸阳，佩结西风怨。（《琐窗寒·玉兰》）
>
> 明朝事与孤烟冷，做满湖、风雨愁人。（《渡江云·西湖清明》）
>
> 倩卧箫、吹裂晚天云，看新月。（《满江红·甲辰岁盘门外寓居过重午》）
>
> 前事顿非昔。故苑年光，浑与世相隔。（《应天长·吴门元夕》）

这样，读他的词就不会有杜鹃啼血之感，却有一派荒寒、令人彻悟之致。

王国维曾提出一个让现实的中国人无法接受的观点：“生百政治家，不如生一大文学家。”盖因政治家与（yù）国民以物质上之利益，文学家与（yù）国民以精神上之利益，在王国维看来，精神利益要远远重于物质利益，而且物质利益只是一时的，精神利益却是永久的。循此而论，梦窗虽无显赫之功业，但只凭着他的那些感均顽艳的词作，已足不朽了。

天隨後高躅到詞宗皓月千山春未綠寒花一紙墨添紅何似莫相逢

右白石道人

孤煙冷風雨滿西湖春夢不留行樂地霜紅飛盡酒醒餘聽雨傍熏爐

右吳夢窗

天入海大雪阻山陰萬里自甘薇蕨老百年終見湛盧心空際尚清音

右樂笑翁

载取白云归去

说张玉田

何谓贵族？在我看来，凡是把追求美看得高于一切的，便是贵族，反之便是非贵族。这世间唯有美是不带一毫实用精神的，愈追求实用，便离贵族精神愈远。美看似最柔最弱，然而唯独美才具有穿越时空的价值。

折蘆花贈遠
零落一身秋
尘乙未秋夜於京

载取白云归去

——说张玉田

清初词人朱彝尊，为他自己的词集题了一首《解佩令》，词曰：

十年磨剑，五陵结客，把平生、涕泪都飘尽。老去填词，一半是、空中传恨。几曾围、燕钗蝉鬓。　不师秦七，不师黄九，倚新声、玉田差近。落拓江湖，且分付、歌筵红粉。料封侯、白头无分。

词中“老去填词，一半是、空中传恨”，典出《冷斋夜话》：宋代法云寺有一位秀关西和尚，劝黄庭坚不必作艳歌小词，黄庭坚回道：“空中语耳（都是并无实事的虚构之作），非偷非杀，终不坐此（因此）堕恶道（佛教谓地狱、饿鬼、畜生三道为恶道）。”但朱彝尊的“空中传恨”，恐怕是要暗示自己的词是寄托了政治情怀的用心之作。在词学渊源上，朱彝尊自陈未尝师法秦观（秦七），也不曾步趋黄庭坚（黄九），其词风独与南宋的遗民词人张炎（玉田）相近。

朱彝尊是清代浙西词派的开山鼻祖，浙西词派所崇奉的偶像，便是姜夔和张炎。清初填词之风大盛，因浙西词派的宣导，竟至于“家白石而户玉田”，二人的词集畅销一时。而朱彝尊明确说自己“倚新声、玉田差近”，那大概是因为他的词中隐含对明朝的故国之思，能与张炎在宋亡以后的幽微词心相通。清代中叶的大词人蒋春霖（号鹿潭），身经太平军乱，多抒忠悃之情，被彊村老人评为“词家天挺杜陵才”，他的《水云楼词》堪称咸丰、同治年间的“词史”，而其词风实对玉田亦步亦趋。

七百多年来，张炎以其王孙飘沦的遭际、哀乐过人的深情、清空骚雅的词风，打动了一代又一代的读者，也影响了后世众多的词人。

张炎有着烜赫的家世。六世祖张俊，陇西成纪（今甘肃天水）人，起于行伍，累积战功，南渡后因功封清河郡王，死后追封循王。张俊生前，即有良田百万亩，园林宅第无数。到了张炎的曾祖张镃，既享富贵，更得闲时，人称其家“园池声妓服玩之丽甲天下”，生活的奢侈清华不是一般人能想象的。

张镃及其异母弟张鉴，并与姜夔交好，姜夔且曾接受过张鉴多年的资助。张家从张镃这一代开始，取名是由金水木火土排序。金生水，张镃子张濡，水生木，张濡子张枢，木生火，遂有张炎。张炎，字叔夏，玉田其号也。晚年的玉田，经历了由胜国王孙到人间凡种的沧桑巨变，心绪有了很大的变化，又自号乐笑翁。

玉田出生于宋理宗淳祐八年戊申（1248），他去世的年份，有学者认为是元仁宗延祐七年庚申（1320），也有学者考证是元仁宗延祐九年（1322）。总之，他活到了七十岁以后，也就经受了更多的屈辱、更久的苦难。

玉田的家族自六世祖张俊始兴，是由战功和政治手腕共同成就的新贵。常话说“三代养成一个贵族”，张俊接待高宗，所办的宴席据说豪奢程度千古第一，却未免暴发户气息，到了张俊曾孙张镃这一辈，其家就已浑是一派清华气象了。

张镃，字功甫，号约斋，有《玉照堂词》。他的孙子，也就是玉田的父亲张枢，字斗南，同样雅好填词，且深通音律，有《寄闲词》。

张镃的堂号玉照堂，是有典故的。宋孝宗淳熙十二年乙巳（1185），张镃自曹姓人家购得南湖之滨的一座花园，连带一起买的，还有花园附近的十亩地，重加经营。园中旧有古梅数十株，他把这些梅花重新栽培，又从位于西湖北山的私人花园中移来若干株红梅，合成四百本，筑堂数间，以临观梅花。堂后东西两室，东室边种植的是千叶缃梅，西室边种植红梅，各有一二十章。（章、本，都是花木的计量单位，清代诗人龚自珍《己亥杂诗》有云：谁肯栽培木一章。）东西二室的门前，也建筑了和前堂一样多的廊柱，花开时节，居宿其中，“莹洁辉映，夜如对月”，故名玉照堂。

这样一番布置，当然所耗金钱不在少数，而其目的，不过是在梅花开放的短短几日，能居宿其中，领略一下幽夜梅开澄澈华严的胜境。暴发户无法想象这竟然是一种生活的享受，而这实在是只有真正懂得高层次享受的贵族，才会不惜金钱去追求的审美境界。

张镃在杭州的房产有用以家祭的东寺、日常居住的西宅、管领风月的南湖园、接待宾客亲友的北园、修身养性的亦庵、昼闲读书的约斋，光是读书的约斋，就有泰定轩、烟波观、南湖、御风桥、阆春堂、把菊亭、天镜亭、星槎、鸥渚亭、泛月阁等园池之胜。他还拥有很多山头，在山中建有三四十幢建筑及若干人工景致，总名之曰众妙峰山，以便闲时“畅怀林泉，登赏吟啸”。尝自述其十二月的“赏心乐事”，正月有岁节家宴、立春日春盘、人日煎饼会、玉照堂赏梅、天街观灯、诸馆赏灯、丛奎阁山茶、湖山寻梅、揽月桥看新柳、安闲堂扫雪；二月有现乐堂瑞香、社日社饭、玉照堂西缃梅、南湖挑菜、玉照堂东红梅、餐霞轩樱桃花、杏花庄杏花、南湖泛舟、群仙绘幅楼前后毬、绮互亭千叶茶花、马塍看花；三月有生朝家宴、阆春堂牡丹芍药、花院月丹、曲水流觞、寒食郊游、花院桃柳、满霜亭北棣棠、苍寒堂西绯桃、芳草亭观草、碧宇观笋、宜雨亭千叶海棠、艳香馆林檎、花院紫牡丹、宜雨亭北黄蔷薇、现乐堂大茶、花院尝煮酒、瀛恋胜处山花、经寮斗茶、群仙绘幅楼芍药……张镃的生活是奢侈的，但那是有文化的奢侈，是为着满足精神而非感官的奢侈。

与玉田的父亲张枢同为西湖吟社社友的周密，在其《齐东野语》一著中，专门有一条“张功甫豪侈”，记述张镃生活的奢华，这可能是亲得自张枢叙述。张镃在南湖园建了一座驾霄亭，用大铁索悬空吊在四株参天的古松间，当风清月白之夜，与客人乘着梯子登亭，“飘摇云表，真有挟飞仙、溯紫清之意。”中国人的最高理想，大概就是身化飞仙，逍遥九霄，虽不能至，让人产生类似的错觉，也总是好的。登仙之感，意味着对红尘浊世的暂忘与超越，脱俗即是雅，驾霄亭提供的是高雅的审美享受。

而张镃的同僚王简卿，则向时人讲述了他亲历的张镃所办以牡丹为主题的一次聚会。这次聚会，当时传为佳话：

> 众宾既集，坐一虚堂，寂无所有。俄问左右云：“香已发未?”答云：“已发。”命卷帘，则异香自内出，郁然满座。群伎以酒肴丝竹，次第而至，别有名伎数十辈，皆衣白，凡首饰衣领皆绣牡丹，首戴照殿红一枝（一种山茶花），执板奏歌侑觞。歌罢乐作乃退。复垂帘谈论自如，良久，香起，卷帘如前，别十伎，易服与花而出，大抵簪白花则衣紫，紫花则衣鹅黄，黄花则衣红，如是十杯，衣与花凡十易，所讴者皆前辈牡丹名词。酒竟，歌者、乐者，无虑百数十人。列行送客，烛光香雾，歌吹杂作，客皆恍然如仙游也。

一次聚会动用的名伎乐工竟达百人以上，每饮酒一巡，则换一批歌伎，头上所簪之花，与身上所着之衣，都有不同，一共换了十轮之多。每一轮花与衣色彩的搭配都非常细致，那些衣服，显然都是为了这次聚会而专门裁制的。“恍然如仙游”，这是亲历者的直观感受，张镃以其超凡的审美品位，奢华到极致的艺术手段，带领客人一起超越现实人生，进入梦幻般的境界。

玉田出身于这样显贵清华的世家，又有家学的熏染，再加上他过人的天资，自小才华颖发。他辞采过人，精擅乐理，能书善画，尤长于画水仙，如果不曾经历乾坤板荡、亡国破家的惨祸，他本可以成为承平时代繁华世界的记录者。但宋恭帝德祐二年（1276）三月丁丑，蒙元军队攻陷南宋都城临安，二十九岁的玉田人生就彻底改变了。

他的祖父张濡，曾以浙西安抚使参议官守独松关。其时蒙元派遣礼部尚书廉希贤、侍郎严忠范与宋议和，张濡的部下袭杀严忠范，又抓获廉希贤押送临安，不久廉希贤因伤口恶化去世。元世祖闻之大怒，遂下令全力攻宋。张濡的愚蠢行为，加速了南宋灭亡的进程。临安城破后，张濡被廉希贤之子残酷报复，遭寸磔（千刀万剐）而死。战乱中玉田的父亲张枢亦不知所终，家财被元兵籍没，家眷卖做官奴，玉田仓皇逃窜，这才得全首领。

宋亡以后，玉田的日子过得非常艰辛。一方面，元人的统治极其残酷，玉田随时可能被当作漏网之鱼，遭到戮身之祸；另一方面，家财籍没后养家糊口都很困难，他不像孔子那样“少也贱，故多能鄙事”，所擅长的技艺，大抵都是要花钱来养却不容易卖钱的。他的祖上，曾经非常大方地资助过姜夔、孙季蕃这样的文士，但在玉田落魄之时，却再难有既有经济地位，又懂得鉴赏文化高下、认同文化价值的缙绅之士了。元人征服大宋，不只是改朝换代，更是野蛮对文明的毁灭，是暴民对贵族的践踏，一直承载着两宋文明的士大夫阶级，作为一个整体而遭遇灭顶之灾。向时的贤德之士，宋亡后普遍陷入困顿，能真心赏识玉田才华的，多已下世，稍能接济玉田一点的，却顾不得他的长贫，解决不了他生计的根本。然而，贵族就是贵族，即使是心怀国仇家恨，饱看世态炎凉，玉田的词作却没有一丝一毫剑拔弩张，没有一丁点乞儿相寒酸气，他那清空骚雅的词风，实在折射出的是他高峻芳洁的人格。作为大宋的遗民，玉田毕生不曾向元人屈膝，八卷《山中白云词》，无一首宋亡以前的作品，他用芳馨悱恻的绝代文字，书写出文化遗民高峻入云的绝世风标。集名“山中白云”，当出自齐梁时著名隐士陶弘景的诗《诏问山中何所有赋诗以答》：“山中何所有，岭上多白云。只可自怡悦，不堪持赠君。”齐高帝诏书起征陶弘景，问“山中何所有”，弘景答道：山中只有岭上的白云，但它是属于隐逸高怀的，红尘浊世中人，任你权势滔天，也无法理解个中真趣。光是这个词集名，就体现了玉田不肯降志辱身的坚贞志节。

集中的压卷之作（古时压卷指集子里的第一篇作品），是《南浦·春水》。因为这首词赋春水而深得春水神致，玉田被当时人称作“张春水”。这是他在宋亡以后的第一篇作品，大概是与另一位遗民词人王沂孙（号碧山）的唱和之作。表面上看，这首词仅仅是一篇体物浏亮的咏春水之作，实际上它寄托着玉田沉郁苍凉的遗民哀怨。

南浦·春水

波暖绿粼粼，燕飞来、好是苏堤才晓。鱼没浪痕圆，流红去、翻笑东风难扫。荒桥断浦，柳阴撑出扁舟小。回首池塘青欲遍，绝似梦中芳草。 和云流出空山，甚年年净洗，花香不了。新渌乍生时，孤村路、犹忆那回曾到。余情渺渺。茂林觞咏如今悄。前度刘郎归去后，溪上碧桃多少。

词的开篇，先从作者最熟悉的西湖春水铺陈开去，“波暖”“燕飞来”，暗点节令正当春时。苏堤的晓色何以好？拂晓时分，西湖、苏堤都笼罩在一片轻雾之中，朦胧中隐现的是故国江山，故曰“好是苏堤才晓”。“鱼没浪痕圆，流红去、翻笑东风难扫”，是说我们这些遗民，便如鱼潜浪底，花流水上，任尔东风扫荡，我自江湖深隐。东风，喻指元朝统治者。“荒桥断浦，柳阴撑出扁舟小”，放扁舟于五湖，是隐者的经典意象。昔日重楼杰阁，清歌檀板，而今却寄身荒桥断浦，渔隐生涯，这是何等残酷的对照！“回首池塘青欲遍，绝似梦中芳草”，表面上是用了《南史·谢惠连传》的典故：著名诗人谢灵运非常喜欢他的堂弟谢惠连，与惠连相处时往往会灵感迸发，有佳句成诗。有一次在永嘉西堂构思作品，一整天都没写出来，不得已去睡觉，却因梦见惠连，得到“池塘生春草”的佳句。但实际上暗用的是淮南小山的楚辞《招隐士》中的名句：“王孙游兮不归，春草生兮萋萋。”以芳草暗指王孙，是对自身王孙落魄的自怜。

过片“和云流出空山，甚年年净洗，花香不了”，是说春水无心争竞世事，挟着云气从空山流出，经过山外水流的冲刷，却依然带着山中落花的香泽。那不正是玉田、碧山这些惆怀故国的遗民的内心写照吗？“新渌乍生时，孤村路、犹忆那回曾到”，昔时曾经的孤村，何以又要拿出来说呢？请注意“新渌乍生时”一句，其含义是异族临朝，改了年号，这才使得不肯降元的遗民们对从前的一村一溪，都无限眷怀。“余情渺渺”四字，谓遗民们对大宋的眷怀不舍之情，渺渺绵绵，不绝如缕。“茂林觞咏如今悄”，则以东晋时王羲之等人的兰亭雅集自拟——王羲之《兰亭集序》有句云“此地有崇山峻岭，茂林修竹……一觞一咏，亦足以畅叙幽情”，隐约点明这首词是遗民们结社吟咏时的命题之作。一结“前度刘郎归去后，溪上碧桃多少”，则用东汉明帝永平五年，剡县刘晨、阮肇入天台遇仙的故事。据《太平御览》引《幽明录》，刘、阮二人入天台采药，失迷路径，饥饿难耐，先见一大桃树，遂攀爬到桃树下，采桃子充饥，于是又发现一条小溪，溪水上有芜青叶、胡麻饭流出，乃溯溪而上，遇二仙女，成就宿缘。刘、阮二人与仙女生活半年后，思家求归，回到家乡才发现原来已过去七世，二人再想回到山中，却再也找不到向时的路径了。用这个故事，是说大宋朝已经风流云散，我们就算再对它忠悃不忘，过去的美好光阴也不会回来了。

这首词是遗民的绝望吟唱，《山中白云词》的全部作品，便因这首词而定好了基调。

此词尚有另外的版本，与今本相同的，仅“和云流出空山，甚年年净洗，花香不了。新渌乍生时，孤村路、犹忆那回曾到”数句，可知这几句正是全词着力所在。别本一结或作“试问清流今在否，心碎浮萍多少”，或作“赋情谩逐王孙去，门外潮平渡小”，遗民情怀都比今本要来得显豁。

如果我们尚对这首词背后的寄托有所怀疑，不妨来看一看另一位遗民词人王碧山的同题之作：

柳下碧粼粼，认麴尘、乍生色嫩如染。清溜满银塘，东风细、参差縠纹初遍。别君南浦，翠眉曾照波痕浅。再来涨绿迷旧处，添却残红几片。　葡萄过雨新痕，正拍拍轻鸥，翩翩小燕。帘影蘸楼阴，芳流去、应有泪珠千点。沧浪（láng）一舸，断魂重唱蘋花怨。采香幽径鸳鸯睡，谁道湔裙人远。

这首词关键之处在于“沧浪一舸，断魂重唱蘋花怨。采香幽径鸳鸯睡，谁道湔裙人远”数句。“沧浪”是水名，古之隐者有《沧浪歌》。“蘋花怨”，典出唐代诗人柳宗元的名作《酬曹侍御过象县见寄》：“破额山前碧玉流。骚人遥驻木兰舟。春风无限潇湘意，欲采蘋花不自由。”亡国之人，自由成了奢侈品，故曰“断魂重唱蘋花怨”。“鸳鸯”与“湔裙”，出自唐李商隐的《柳枝诗并序》，洛中少女柳枝，爱慕李商隐的诗才，订约“湔裙水上，以博山香待”，诗中则有“画屏绣步障，物物自成双。如何湖上望，只是见鸳鸯”之句。李商隐与柳枝未能成就姻缘，《柳枝》诗表达的是诗人永久的遗憾。故国沦亡，同样是碧山永久的遗憾，但他用“谁道湔裙人远”这样一句反问句，让绝望中又生出一丝希望，故而更加深婉动人。

除了被称为“张春水”，玉田还被时人称为“张孤雁”，这缘于他的另一首咏物名作《解连环·孤雁》：

楚江空晚。怅离群万里，怳然惊散。自顾影、却下寒塘，正沙净草枯，水平天远。写不成书，只寄得、相思一点。料因循误了，残毡拥雪，故人心眼。　谁怜旅愁荏苒。谩长门夜悄，锦筝弹怨。想伴侣、犹宿芦花，也曾念春前，去程应转。暮雨相呼，怕蓦地、玉关重见。未羞他、双燕归来，画帘半卷。

词中的“写不成书，只寄得、相思一点”，联想自然真切，比喻新奇，被当时很多人传颂，“张孤雁”的美称，便是沾了这几句的光。然而这首词的真正佳处，并不在体物的精微、比喻的巧妙，而在于词背后的政治寄托。

宋恭帝德祐二年（1276）正月，蒙元兵逼临安城下，摄政的太皇太后谢道清携着年仅五岁的小皇帝向元人投降。元军统帅伯颜掳宋恭帝、恭帝生身母亲全太后以及宫中妃嫔、朝臣等北上大都，谢太后因患病在床，暂时留在了临安，直到当年八月，才以臣虏之身押赴大都。玉田的这首词，就是对谢太后未行之时的追述。他以孤雁喻指谢太后，以“伴侣”比喻宋恭帝等人。过片“谁怜旅愁荏苒。谩长门夜悄，锦筝弹怨”数句，是说谁会惦念谢太后凄苦漫长的旅途呢？任凭乐师在凄凉的夜晚、凄冷的故宫，弹奏锦筝，寄托哀怨。“长门夜悄”是从唐代诗人杜牧的《早雁》诗“仙掌月明孤影过，长门灯暗数声来”化出，“锦筝弹怨”也暗扣“雁”字，因为筝上有斜柱，形如雁行，谓之为“雁柱”。“想伴侣、犹宿芦花，也曾念春前，去程应转”，是说谢太后在宋亡后，还抱有万一的希望，希望宋恭帝等人在入大都朝觐完元世祖后，能被元朝放还。人生最大的痛苦，并不在于绝望，而在于明知绝望却仍然不肯放弃微茫的希望。这几句是杜鹃啼血般的哀断之音，既是谢太后心境的真实写照，也是玉田和他的遗民朋友们共同的心灵印迹。“暮雨相呼，怕蓦地、玉关重见”，是说希望终究破灭，不是宋恭帝一行被元人放还，反而是谢太后于当年八月，也被掳北上。一结的“未羞他、双燕归来，画帘半卷”，化自北宋词人晁端礼《清平乐》词的名句：“莫把朱帘垂下，妨他双燕归来。”是说在遗民的心中，始终都有着对谢太后的一分尊敬、一分挂怀。

宋亡以后的十多年间，玉田大抵只在杭州、绍兴两地活动。他仍不时踯躅在西湖边，那里有他的回忆，有他的绮梦。但西湖风物如旧，江山已染膻腥，他只有把一腔故国之思，尽泄为词。这首《高阳台》便是其中的一篇杰构：

高阳台·西湖春感

接叶巢莺，平波卷絮，断桥斜日归船。能几番游，看花又是明年。东风且伴蔷薇住，到蔷薇、春已堪怜。更凄然，万绿西泠，一抹荒烟。　当年燕子知何处，但苔深韦曲，草暗斜川。见说新愁，如今也到鸥边。无心再续笙歌梦，掩重门、浅醉闲眠。莫开帘、怕见飞花，怕听啼鹃。

词的上片，先用白描式的赋笔，勾勒出春日西湖游船的澹荡从容，而转以“能几番游，看花又是明年”，立刻进入正题。春日将逝，繁花尽萎，只能明年再赏胜景了，传达的是亡国之人对西湖边每一时每一刻的勾留都无限珍视。“东风且伴蔷薇住，到蔷薇、春已堪怜。”三句意思层层折进，愈转折，而情愈深。古人把从小寒到谷雨的一百二十日分作八气，每气十五日，又分作三候，每五日为一候，每候应一种花的花期，共二十四候，称作二十四番花信。花信始于梅花，终于楝花，蔷薇花开的时候，是惊蛰的第三候，蔷薇花凋谢以后，就进入春分的节气，春天也就过半了。词人希望春神能伴着蔷薇的花期停住脚步，词人的敏感让玉田不必等到“雨横风狂三月暮”“开到荼蘼花事了”，就已经伤春不置。那正是亡国之人忧惧的情怀啊！“更凄然，万绿西泠，一抹荒烟”三句，是借景传情的典范，词人深邃的情感，是通过这一苍郁到恍如水墨的画面婉曲地透露出来的。宋时西泠是西湖边的村庄，平时人烟稠密，宋亡后却是一派死寂之气。

过片“当年燕子知何处，但苔深韦曲，草暗斜川”，连用了三个典故却不让人觉得堆砌。首句用唐代诗人刘禹锡《金陵五首·乌衣巷》的诗意：“朱雀桥边野草花。乌衣巷口夕阳斜。旧时王谢堂前燕，飞入寻常百姓家。”玉田本来就是宋代的王谢乌衣子弟，他的家财全被籍没，故居也沦于新贵，他的感慨，只有比刘禹锡的怀古之作更加深沉。韦曲是唐代长安城南的一处权贵聚居地，现在却罕有人迹，地上覆满青苔，隐喻贵族沦胥之叹。晋朝遗民陶渊明不愿臣事刘宋，归隐柴桑，在五十岁时与二三邻曲同游斜川，各疏年纪乡里，用意却是继承晋朝贵族于孟春西日游宴的典制遗习。“草暗斜川”是说故国的承平气象，已被春草深遮。这三句，正是此词的题眼所在。

“见说新愁，如今也到鸥边”，写得含蓄而苍凉。连本该忘机的水鸥，也承受了尘世的痛苦，则人心之巨恸，自可想见。是什么样的痛苦能让忘机的水鸥也一同经受？当然只有亡国破家之痛。“无心再续笙歌梦，掩重门、浅醉闲眠”是说落魄之际，再没有心思去追忆当初的繁华世界、极乐人生，只好把门户重重关闭，喝到微醺薄醉，偷闲睡睡觉。玉田是用淡语写深情，淡是为了雅，雅淡的文辞底下，是以血书写的深情。玉田生怕你真的觉得他的情感是冷淡的，马上用下面的句子挑明了他的哀伤：“莫开帘，怕见飞花，怕听啼鹃。”落花漫天，杜鹃啼血，不仅是春尽的怨曲，更是亡国的哀歌。

元世祖至元二十七年（1290），玉田四十三岁。这一年，元朝统治者想出了一个罗致故宋遗民的主意，乃用金屑混入松墨之中，诏求才艺之人抄写藏经，凡糜黄金三千二百四十两，历时数年乃成。玉田这一次终于没能逃过元人的耳目，当年秋天被诏北上，赴大都写金字藏经。同行者有沈尧道、曾子敬。

元人征召才艺之士写金字藏经，其目的是引诱故宋遗民为其政权服务，而更重要的是，通过这样的方式来侮辱宋朝。我们且看历史上任何一个残暴的开国之君，他在上台后都要逼前代的遗民出山为官，向他称臣。暴君的朝堂之上，并没有非遗民不可的职位，但暴君之所以是暴君，其实是根源于他内心的自卑阴暗，他要通过逼迫遗民臣服来满足自己的自卑心态，让自己更有“真龙天子”的感觉。元人入主中原，建立了人类史上前所未有的巨大帝国，但在深受孔子之教的中国人的心中，他们始终是夷狄，是不文明、未开化的民族，这是元朝统治者内心自卑的根源。遗民为前朝守节，便如仇人的妻子为仇人守贞，这是自卑阴暗的元朝统治者万万不能容忍的，他们要让遗民屈膝，便正如兽性的人总要强奸仇人的妻子才解恨。正是在这样的背景下，玉田被胁迫北上，成了被侮辱的对象。但是，从遗民的立场来看，被征写金字藏经，毕竟是一种文化活动，与在元朝直接做官还是很不一样的，这些被征者也就没有激烈地反抗。

玉田在大都只待了不足一年，就南返杭州了。他的这一段屈辱经历，同时人的记载非常含蓄，不敢直言玉田的真实心境。然而只要我们细加寻绎，仍可从那些看似平淡的文字背后，读出他们与玉田一样的深沉拗怒。

舒岳祥《赠玉田序》说玉田“自社稷变置，凌烟废堕，落魄纵饮，北游燕蓟，上公车、登承明（汉代的宫殿名）有日矣。一日，思江南菰米莼丝，慨然幞（fú）被（整理行装）而归”。大意是说玉田在宋亡之后，流落无依，纵酒狂饮，被诏赴京缮写金字藏经，眼看着很快会被元朝荐用，上金殿为官，却有一天像晋代张翰一样，思念江南的菰米莼菜，遂整顿行装返归乡里。需要注意的是“上公车，登承明”六字。“公车”本是汉代官署名，臣民上书和被征召，都是由公车接待。可知并不是玉田想要求仕，而是元朝要公车征召，“上公车，登承明”实出诸胁迫，而非出诸玉田的本意。戴表元《送张叔夏西游序》说玉田“尝以艺北游不遇，失意亟亟南归”，仿佛玉田想靠着自己的才华在大都谋取一官半职，却不得朝廷的任用，只得失意地仓促南归。但我们只要想一想以玉田的身份才华，以及史书所载元人对江南技艺之士的喜好，他何至于求一官职而不得呢？戴序在后面说玉田南归以后，只能靠旅食度日，但酒酣气张，歌平生所作乐府，依然是“高情旷度，不可亵企”，实际上已经暗暗透露了个中消息。（注：舒岳祥和戴表元的序，都是赠序，古代用以赠人的一种文体，不是给书籍写的序。）

壶中天·夜渡古黄河，与沈尧道、曾子敬同赋

扬舲万里，笑当年、底事中分南北。须信平生无梦到，却向而今游历。老柳官河，斜阳古道，风定波犹直。野人惊问，泛槎何处狂客。　迎面落叶萧萧，水流沙共，远都无行迹。衰草凄迷秋更绿，惟有闲鸥独立。浪挟天浮，山邀云去，银浦横空碧。扣舷歌断，海蟾飞上孤白。

《壶中天》是《念奴娇》的别名。此词是玉田与沈尧道、曾子敬一同被诏北上，夜渡黄河所作。沈尧道，名钦，曾子敬，名遇，二人都是当时的名士，也同样被元朝统治者注意上，强令赴大都写金字藏经。照词题看，沈、曾二人也有同题之作，不过今天我们已经见不到了。

玉田的这首词颇有一些湖海豪气，不知是否是得了北地江山之助。然而词意“豪而不放”，豪宕之外，更多的是激愤孤高之意。自“扬舲万里”到“却向而今游历”四句，是说百余年来，大宋与北方政权南北对峙，本以为即使是梦中，也不会梦到宋疆以外的古黄河，不想如今却真

的放船万里，亲身游历了。这四句词，尤其是“笑当年”“须信”“却向”数语，蕴藏着对元人吞并南宋的无限辛酸。词人十分注重词意的含蓄蕴藉，稍事点染之后，马上转为白描绘景：“老柳官河，斜阳古道，风定波犹直。”“风定波犹直”是说风止而浪不定，浪头高起如人直立。“野人惊问，泛槎何处狂客”，回一笔写到自身，说的是船中的三位名士，虽然被迫赴大都，但志气不沮，在船上狂啸高吟，让郊野之人为之侧目。最早的狂客，是《论语》中那位在孔子跟前高歌“凤兮凤兮，何德之衰……今之从政者殆而”的楚狂接舆，可以想见，这三人同行途中，必定以气节互相砥砺，约定决不降元，这才以不愿出仕的楚狂为榜样。

过片“迎面落叶萧萧，水流沙共，远都无行迹”[①]，是说秋叶飞落，飘拂在人的脸上，远远望去，只见流水与沙洲，故都汴梁十分辽远，没有可能一践其地。这三句另一版本作“云外散发吟商，任天荒地老，露盘犹泣”，用魏明帝西取汉武帝时所造铜塑捧露盘仙人，仙人临载潸然下泪的故事，对故都的缅怀之情就更加明显。“衰草凄迷秋更绿，惟有闲鸥独立”亦作“水阔不容鸥独占，一棹芙

---

①这三句很多学者标点成：“迎面落叶萧萧，水流沙共远，都无行迹。”实则依《词谱》正格，不该这样点。《山中白云词》中有很多首《壶中天》，除了《咏周静镜园池》一首过片作“不恨老却年光，可怜归未得，翻恨流水”，其他过片三句均作六字、四字、五字的句式。我疑心此三句本来应该是“不恨老却年光，可怜归未，翻得恨流水”，最早抄录这首词的人，就抄错了。

蓉香湿”，秋日凄迷的衰草，映衬着草间独立的闲鸥，更显绿意，闲鸥独立，盖谓丈夫之气终不可夺，宁愿如沙鸥逍遥江湖，不能臣事元朝。“浪挟天浮，山邀云去，银浦横空碧”三句，苍凉悲壮，堪称奇警。银浦即银河，古人传说黄河源头上通天河。

清代词论家陈廷焯评论此词，说“‘扬舲’等句，高绝，超绝，真绝，老绝……结更高更旷，笔力亦劲……压遍今古。”（《云韶集》卷九）一结“扣舷歌断，海蟾飞上孤白”的确高旷沉雄，力破余地。“海蟾”就是月亮，月亮从海面升起，升到孤飞的白云之上，这一灵动的意象实际隐藏着词人的自誓：君且看我心，便如这明月白云一般莹洁净白，决不会被功名富贵所玷污。

抵达大都后，玉田时时忆念故乡，“片霎归程，无奈梦与心同”（《声声慢·都下与沈尧道同赋》），“梨花落尽，一点新愁，曾到西泠”（《庆春宫》），“舞扇招香，歌桡唤玉，犹忆钱塘苏小”（《台城路》）……杭州的风物人情，牵萦着他的旅梦。他在大都偶遇旧日相识的杭妓沈梅娇，后者为生计辗转到此，同是天涯沦落，相逢各话凄凉，自不待言。尽管时移世换，梅娇还能歌北宋词人周邦彦的《意难忘》《台城路》二曲。古人歌与唱是两个概念，唱是有固定的旋律，相对简单，歌是要深切理解文辞的五音四声，再根据文辞的四声确定旋律，根据五音确定发声吐字归韵，要难得多。周邦彦的词音律最讲究，梅娇能歌周词，说明其本人亦有相当程度的文化素养。北人性情轻躁，更喜欢繁音促节的北曲，梅娇在大都，可能不歌周词久矣，大概只有玉田这样的知音，才真正懂得欣赏。

两个被时代所播弄的人，他乡再遇，想起从前的繁华，对照如今的落魄，内心深处共同飘荡着对故国的缅怀。玉田为梅娇写了一首《国香》，词成后写在罗帕上，赠送给梅娇。词中说“相看两流落，掩面凝羞，怕说当时”，是二人心境的真实写照。宋朝时的中国，文明程度冠于世界，而有着极高文明的大宋，竟然被蛮夷灭亡，两个本来都有着安定生活的人，却都他乡流落，梅娇的歌声中不得不饱蕴凄凉：“凄凉歌楚调，袅余音不放，一朵云飞。”在玉田听来，真是余音袅袅，恍如飞云了。歌阑酒尽，梅娇深情款款，苦留玉田不去：“无端动人处，过了黄昏，犹道休归。”这是噙着泪的絮语，带着哽咽的温存，两个异乡沦落的可怜人，在寒夜中给了彼此以温暖。

玉田集中最佳之作，要数这一首《甘州》：

甘　州

辛卯岁，沈秋江同余北归，秋江处杭，余处越。越岁，秋江来访寂寞，晤语数日，又复别去，赋此饯行。并寄曾心传。

记玉关踏雪事清游，寒气脆貂裘。傍枯林古道，长河饮马，此意悠悠。短梦依然江表，老泪洒西州。一字无题处，落叶都愁。　载取白云归去，问谁留楚佩，弄影中州。折芦花赠远，零落一身秋。向寻常、野桥流水，待招来、不是旧沙鸥。空怀感、有斜阳处，却怕登楼。

沈秋江就是沈尧道，曾心传则是曾遇曾子敬。元世祖至元二十七年庚寅（1290）的大都之行，玉田与沈尧道、曾子敬同往，相约同出同归，然而次年只有玉田与尧道回到了南方，子敬却留在了大都获得官职，可能直到元成宗大德元年（1297）才回到家中。（清吴升撰《大观录》一书卷十五，抄录了曾遇旧藏《温日观墨葡萄图卷》的题跋，最末是曾遇的诗，署年为大德改元，诗中有“万里归来家四壁，沙鸥笑人空役役”之句。）元世祖至元二十九年壬辰（1292），沈尧道从杭州到绍兴探访玉田，数日后离去，这首词是玉田赠给坚贞不移的同道沈尧道的饯行之作，但还要寄给在京恋恋不去的曾子敬，显寓讽喻规劝之意。

细心的读者肯定已经发现以上所引玉田的这首名作，其小序及词中“弄影中州”的“州”字，与通常我们读到的版本不同。的确，上词据的是明代水竹居钞本，晚清词人王鹏运《四印斋所刻词》本“中州”作“中洲”，与通行本一致，但小序与水竹居本无二。通行本小序作：“庚寅岁，沈尧道同余北归，各处杭越。逾岁，尧道来问寂寞，语笑数日，又复别去。赋此曲，并寄赵学舟。”差别殊巨。吴则虞先生考证四印斋本《山中白云词》所据为元钞本，是现存玉田词的最古版本，水竹居本则为玉田词第四古本，四印斋本、水竹居本的小序，应该才是玉田原稿的面目。

这首词写得非常见身份，玉田的身上流淌着的是贵族的血液，纵使迫于强权，不得不含垢忍辱，赴大都缮写金字藏经，但他心底的一份孤傲、一份自尊，却是谁也夺不走、毁不去的。“记玉关踏雪事清游，寒气脆貂裘”，意思是北方天气的酷寒，政治形势的严峻，没有让我屈服，只当是一次旅行罢了。清游，是不求功名利禄的游历。对于被诏赴大都的屈辱行程，词人只是用了淡到极致的“事清游”三字提领。元人为了折辱故宋士大夫，煞费苦心，收获的却是玉田轻蔑的一顾。“傍枯林古道，长河饮马，此意悠悠”，追忆庚寅年秋天北上路途所见，白描景致，清雅苍浑，“此意悠悠”四字尤堪玩味。他的心中装着太多太多的东西，那些对往昔的缅怀，对现实的忍受，对未来的忧惧，多到诉之不尽，不如什么也不说，他知道沈尧道必能明白。“短梦依然江表，老泪洒西州”，用东晋羊昙在舅父谢安去世后，不忍过西州路之典，明确表示，在北方的日子，哪怕只是做一个短暂的梦，也总会梦到江南。“老泪洒西州”，是自誓忘不了临安城破死难的祖父和父亲。“一字无题处，落叶都愁”，则说满天的落叶，都载不动亡国破家的愁苦，纷纷下坠，我待要把心曲化成诗句，题写到落叶之上，又有哪一片落叶能载得动如许的愁怨呢？

过片“载取白云归去，问谁留楚佩，弄影中州”，隐藏着对友人曾子敬的谴责。子曰：“不义而富且贵，于我如浮云。”“载取白云归去”，谓沈尧道与自己皆鄙弃新朝富贵如浮云，却有人眷眷于怀中楚佩，不忍撒手，在北方中州之地，恋栈不去。《列仙传》载：江妃二女，出游汉水之皋（江岸曰皋），遇见一位叫郑交甫的青年，便解下衣上的佩饰赠给交甫，交甫把佩饰放入怀中，往前走了数十步，再回头去看，二妃倏已不见，怀中的佩饰也不见了。可见此用楚佩（汉水属楚地）之典，指的是功名富贵到头不过一场虚空，又何必恋栈不去呢？“折芦花赠远，零落一身秋”，化用南朝陆凯《赠范晔》诗：“折花逢驿使，寄与陇头人。江南无所有，聊赠一枝春。”问题在于是谁折芦花，又是赠给谁？杭越之间，不得谓之为远，我以为是玉田折江南的芦花，赠给远在大都的曾子敬。他想让子敬忆念江南的秋色，早早归来，然而自己先感受到了萧瑟的秋意，霎时布满全身。

通行本“中州”写作“中洲”，小序中“并寄”的对象也不是曾心传，而是赵学舟。以前的学者都认为，“问谁留楚佩，弄影中洲”化自《楚辞·九歌·湘君》里的句子“捐余玦兮江中，遗余佩兮澧浦”及“君不行兮夷犹，蹇谁留兮中洲”。而“折芦花赠远”出自《楚辞·九歌·湘夫人》里的“搴汀洲兮杜若，将以遗兮远者”。循此解读，这五句表达的是尧道欲行而夷犹，玉田相送，依依不舍的情愫。我以为这样解说，看似圆融，恐怕是把玉田复杂的遗民心志看得清浅了。

“向寻常、野桥流水，待招来、不是旧沙鸥”，形容世事变迁，人情变幻，从前相交的好友，现在能如沈尧道一样始终知心的，又能有几？一结“空怀感、有斜阳处，却怕登楼”，用三国时王粲登楼怀故国，作《登楼赋》之典，这本来是一个熟典，但加上“有斜阳处”，意境便完全不同。初升的朝阳，带给人的是无限希望，迫近崦嵫的夕阳，却让人哀伤，让人绝望。更须知天下何处无斜阳，凡有斜阳处，便不忍登楼，是说无论走到哪里，亡国之人的愁苦也会跟到哪里。1932年，现代女词人沈祖棻痛感“九一八事变”后山河破碎的现实，写了一首令她一举成名的《浣溪沙》：“芳草年年记胜游。江山依旧豁吟眸。鼓鼙声里思悠悠。　三月莺花谁作赋，一天风絮独登楼。有斜阳处有春愁。”结二句正是从玉田词化出。

玉田的词风可以用清空骚雅来形容。清空是相对质实而言的，清空的美学风范，便如中国画中的南宗，不直接叙事、抒情，而是通过写意的、大量留白的手段，引起欣赏者的联想。如上引《高阳台·西湖春感》的“万绿西泠，一抹荒烟”，《壶中天·夜渡古黄河与沈尧道曾子敬同赋》的“老柳官河，斜阳古道，风定波犹直”“衰草凄迷秋更绿，惟有闲鸥独立。浪挟天浮，山邀云去，银浦横空碧”，《甘州》的“傍枯林古道，长河饮马，此意悠悠”，皆是清空的笔致。骚是《离骚》，此指芳馨悱恻之情，雅是《诗经》中的《大雅》《小雅》，代表着雅正。中正平和，乐而不淫，哀而不伤，这才是雅，才是正。同时的舒岳祥这样评价他：“诗有姜尧章深婉之风，词有周清真雅丽之思，画有赵子固（孟坚）潇洒之意，未脱承平公子故态，笑语歌哭，骚姿雅骨，不以夷险变迁也。”无论人生的境遇怎样变化，玉田词始终不过情，不逾礼，懂得情感的节制，这才是承平公子的风流，这才是贵族的气象。

何谓贵族？在我看来，凡是把追求美看得高于一切的，便是贵族，反之便是非贵族。这世间唯有美是不带一毫实用精神的，愈追求实用，便离贵族精神愈远。美看似最柔最弱，然而唯独美才具有穿越时空的价值。况且，玉田词的骚姿雅骨，犹有一层更深的精神在。

有人给《山中白云词》作序，说：“吾识张循王孙玉田先辈，喜其三十年汗漫南北数千里，一片空狂怀抱，日日化雨为醉，自仰扳姜尧章、史邦卿、卢蒲江、吴梦窗诸名胜，互相鼓吹春声于繁华世界，飘飘征情，节节弄拍，嘲明月以谑乐，卖落花而陪笑，能令后三十年西湖锦绣山水，犹生清响，不容半点新愁，飞到游人眉睫之上，自生一种欢喜痛快。岂无柔劣少年，于万花丛中，唤取新莺稚蝶，群然飞舞，下来为之赏听？”

这段话的意思是，玉田词以骚雅为宗，虽经亡国之惨，却不作哀断之语，而是让人通过他的词，仍然感受着往昔承平之日西湖的美好。它不是如市井之词一样赚人热泪，而是让听词、读词的人心中生出一种欢喜痛快，从而不忘故国，更加热爱故国的文化。说这番话的人，在大宋亡国后，坐必南向，画兰不画土，以表不忘故国——他叫郑思肖，是著名的志士。

诚哉吴则虞先生之言！“让西湖山水，‘犹生清响’，

‘自生一种欢喜痛快’，换言之，即对于故国山河有一种爱护和留恋在！不止是流连光景，而有一种希望在。”（吴则虞校辑本《山中白云词》序言）爱国，首先是爱一个国家的文化。玉田晚年，穷困潦倒到在鄞县卖卜（给人算命打卦），但在那样艰难的生涯里，玉田还是完成了词学巨著《词源》。他不止自己的创作骚姿雅骨，更全力推崇清空骚雅的词风，这是因为，玉田要努力呵护，全力捍卫宋代精致高雅的文化，与蒜酪味殊重的元代风格誓不共戴一天。这是寂寞的灵魂守望，更是高峻的文化自尊，他无愧于一位真正的爱国者。

政治、道德、国家、民族、英雄、遗民……一切都可能湮没，唯有美才是永恒的。